L'escena del futur

EL CEP I LA NANSA
EDICIONS

2006

L'escena del futur.
Memòria de les arts escèniques als Països Catalans (1975-2005)

Carles Batlle

Hermann Bonnín

Joan Cavallé

Josep R. Cerdà

Jordi Coca

Manuel Molins

Iago Pericot

Bàrbara Raubert

Núria Santamaria

Gabriel Sansano

Mercè Saumell

Gerard Vàzquez

Francesc Foguet
Pep Martorell
(coord.)

Argumenta és un projecte col·lectiu, format per joves professionals
independents, que pretén avaluar críticament
la cultura catalana del 1975 ençà.

Primera edició: novembre de 2006

© dels textos: Carles Batlle, Hermann Bonnín, Joan Cavallé, Josep R.
Cerdà, Jordi Coca, Manuel Molins, Iago Pericot, Bàrbara Raubert, Núria Santamaria,
Gabriel Sansano, Mercè Saumell, Gerard Vàzquez
© del pròleg: Francesc Foguet, Pep Martorell

© El Cep i la Nansa, edicions
Rei Pere el Cerimoniós, 41-45 (B)
08800 Vilanova i la Geltrú
E-mail: fmestres@elcepilananansa.com
<http://www.elcepilananansa.com>

Disseny gràfic de la col·lecció: Domènec Òrrit
Fotografia de la coberta: fragments d'obres d'A. Cardona Torrandell
Producció: Jordi J. Sánchez
Revisió de l'original: Xavier Anguera

Coordinació editorial: Francesc Foguet i Mireia Sopena

Impressió: Policrom
Dipòsit Legal: B-41.376-2006
ISBN: 84-96349-29-2

Sumari

Presentació
Canvi de paradigma, *per Francesc Foguet i Pep Martorell*. .   9

Buscant la pedra filosofal: entre la institucionalització
i el mercat teatrals, *per Núria Santamaria*.   23
Resistència i riurecràcia (per Galileu i Sísif),
per Manuel Molins   47
Drama català contemporani: entre el desert
i la terra promesa, *per Carles Batlle i Jordà*   75
Els grups o l'altre teatre català, *per Mercè Saumell*   103
El teatre sota control, *per Iago Pericot*.   123
Ni perifèrics ni alternatius: aïllats, *per Josep R. Cerdà Mas*.   147
La dansa des de la democràcia: moviment en expansió,
per Bàrbara Raubert Nonell   161

Entre la crònica i la crítica. Notes per a un estudi
   sobre la crítica teatral (1975-2000),
   per Gabriel Sansano 185

Diàleg
Canviar de model, teixir relacions, *amb Hermann Bonnín,
   Joan Cavallé, Jordi Coca i Gerard Vàzquez* 207

Presentació.
Canvi de paradigma

Francesc Foguet[*] i Pep Martorell[**]

L'escena catalana ha viscut, en els darrers trenta anys, unes transformacions copernicanes que, fins a un cert punt, s'emmirallen en els canvis polítics i socials més recents. És innegable que la història de les arts escèniques està íntimament relacionada amb la memòria d'una societat que, com la catalana, es troba

---

[*] Francesc Foguet (Linyola, 1971), professor de literatura catalana a la Universitat Autònoma de Barcelona, és autor de diversos llibres i articles sobre teatre modern i contemporani. Recentment ha publicat *Teatre, guerra i revolució. Barcelona, 1936-1939* i *Teatre de guerra i revolució. Antologia de peces curtes* (tots dos del 2005).

[**] Pep Martorell (Roda de Berà, 1965), llicenciat en filologia catalana i professor d'ensenyament secundari, ha publicat articles diversos al voltant de la vigència de la teatralitat medieval i ha exercit de crític teatral al diari *El Punt* (1996-2005).

9

limitada per una sèrie de condicionaments interns i externs, dels quals les arts de l'espectacle també participen en una mesura més o menys gran. Com en altres períodes de la convulsa història catalana, el teatre contemporani ha tingut una importància sociocultural notable, fins a l'extrem d'esdevenir com una mena de mirall de la complexitat cultural dels Països Catalans i de les seves dificultats per articular-se cap endins i per projectar-se cap enfora.

Des del 1975, data en què la mort del dictador obria unes expectatives noves en el món de la cultura i del teatre en particular, fins a l'actualitat, en què els uns es planyen del devessall d'il·lusions i energies malbaratades que s'han quedat pel camí i els altres asseguren hiperbòlicament que vivim en el millor dels mons possibles, s'escolen tres dècades de canvis transcendentals per al present i el futur de les arts escèniques. No és gens fàcil de calibrar, com en una balança implacable, els guanys i les pèrdues d'aquestes tres darreres dècades decisives per a la consolidació d'un mínim sistema teatral, però el fet cert és que, comptat i debatut, esdevé necessari de fer balanç de manera crítica i constructiva, per poder millorar els dèficits i, si més no, preservar les fites aconseguides.

La intenció inicial del volum L'ESCENA DEL FUTUR era valorar críticament l'evolució de les arts escèniques als Països Catalans des del 1975 fins avui i apuntar-ne les perspectives i els reptes que se li auguren en el futur. Ens interessava d'interrogar-nos sobre el paper que han jugat les arts de l'espectacle en la societat catalana contemporània des d'un punt de vista sociològic i polític, i també ens proposàvem de reflexionar sobre aspectes com ara els canvis d'estètiques, la fusió de formes artístiques, la irrupció de la tecnologia en escena, etcètera. L'interès pel passat més immediat i pel present que ja és ahir aspirava a projectar la reflexió en el futur, allò que al capdavall ens afecta, per entreveure'n una mica el perfil i contribuir, així, a fer-lo més ple de possibilitats.

Conscients que no podíem abraçar tota la pluralitat inesgotable de les arts escèniques, vam optar per mirar que el fil conductor del volum –d'acord amb els criteris de la col·lecció Argumenta– maldés per aportar interpretacions i visions diverses sobre el *procés* que ha viscut l'escena catalana durant els darrers trenta anys, sobre allò que convenim a anomenar el *canvi de paradigma* de 1975 ençà. Volíem posar èmfasi, sobretot, en les grans línies que consideràvem imprescindibles per emprendre qualsevol reflexió sobre el fet teatral en un àmbit cultural concret: les experiències més innovadores, els dèficits de política teatral, les mutacions estètiques i ideològiques, els problemes d'articulació territorial i cultural, l'evolució de la dramatúrgia i de la dansa i, entre d'altres, la incidència de la crítica.

El canvi de paradigma que es produeix amb la professionalització del teatre independent i la institucionalització de l'escena catalana –dos fenòmens progressius i fins a un cert punt necessaris– està molt marcat –potser massa i tot– per dues forces que han arribat a confondre's perversament i que han conduït la professió teatral a la desmobilització gairebé esterilitzant i a les patètiques batalletes de cenacles. D'una banda, per les decisions polítiques a l'hora d'imposar un model teatral i de dissenyar una política més condicionada pels interessos partidistes que no pas per les necessitats culturals. De l'altra, per les dinàmiques empresarials tendents al monopolisme que han acabat prioritzant la vessant productiva dels espectacles (en detriment de la creativa) i abocant les cartelleres –del teatre oficial i del comercial– a una enlluernadora grisor estètica.

Del mític Grec 76 fins al present, allò que es tenia per irrenunciable, com ara la concepció del teatre com a servei públic, la defensa de la llibertat d'expressió o el compromís ètic i estètic de la professió amb la societat, s'ha metamorfosejat en un *statu quo* instal·lat en una correcció política castrant, tant en termes de dignitat cultural com de gosadia estètica, i en una postmodernitat camaleònica, amnèsica i *des*ideologitzada, més enderiada en les formes innòcues i en l'ambició de l'èxit que no pas en els continguts més revulsius. Quantitativament, les arts escèniques es troben, és innegable, en un dels moments més satisfactoris de la història recent: les infraestructures, els pressupostos, les estadístiques de muntatges i de públic, la situació dels professionals, etcètera, han assolit nivells gairebé homologables amb altres escenes europees. No fa l'efecte, tanmateix, que els diners públics invertits en teatre es tradueixin en una millora substancial i exigible de la qualitat dels resultats, ni en un rendiment cultural significatiu del teatre com a *bé públic*.

Les col·laboracions d'aquest volum contribueixen a definir, val a dir-ho, una memòria incompleta, inabastable, encara en construcció, que, en conjunt, coincideix a deixar constància del *canvi de paradigma* estètic i ideològic que s'ha produït des de la dècada dels setanta ençà. Afortunadament, no es tracta d'una història o una memòria homogènies, monolítiques i autosuficients, sinó que les valoracions esdevenen, moltes vegades, sense deixar de ser argumentades amb rigor i solvència, discordants, sigui en les característiques i els resultats generals del procés, sigui en els detalls i les precisions sempre necessàries. En conseqüència, les interpretacions de l'evolució de les arts escèniques tenen el mèrit de brindar plantejaments molt diferents i, en alguns casos, antagònics i tot, que sigui com sigui ajuden a fer-se una idea molt més rica i diversificada del canvi de paradigma i, sovint, a matisar els triomfalismes, els cofoismes o les fantasies d'alguns discursos oficials.

Visió polièdrica

Enceta el volum una mirada global, traçada per Núria Santamaria, crítica i historiadora del teatre, sobre l'evolució de les arts escèniques des del 1975 fins avui, en què es posa èmfasi en els canvis patits des del teatre independent fins a la institucionalització de l'escena catalana i la creació d'un mínim mercat teatral. Santamaria matisa la dimensió del teatre independent com a configurador de l'escena contemporània i aporta una sèrie de variables i d'arguments que fan palesa la necessitat de definir millor el concepte difús de «teatre independent» i, alhora, d'ampliar la mirada cap a altres realitats escèniques que permetin de completar el llegat teatral d'aquells anys. Els grups més dinàmics provinents del teatre independent aspiraven, segons Santamaria, a presentar-se com una alternativa solvent a l'escena coetània per mitjà de la progressiva professionalització i l'assalt als espais d'exhibició teatral. El desenvolupament del procés, amb les dissidències internes i les baralles sectorials que apunta Santamaria, engendraria el clima de disputa, protesta, reclamació, desconfiança i síndrome de Penèlope que viuen els cenacles de l'escena catalana actual –una atmosfera ofegadora que no contribueix a la diversificació dels discursos artístics i intel·lectuals–. L'agredolç resultat del Congrés de Cultura Catalana, en què es va formular des de la base professional un programa d'actuació teatral d'abast pancatalà i de vocació social, serveix de contrast davant de les pretensions dels governs de torn de controlar els afers teatrals i davant de la divisió profunda dels professionals de l'espectacle. Tot i que el teatre ha guanyat molt d'espai públic, Santamaria considera que s'han perdut oportunitats d'or per vertebrar la creació escènica als Països Catalans, examina els pros i els contres del sector privat i aposta per una política teatral de llarg termini i per una definició, clara i exigent, dels professionals de l'espectacle envers la dinàmica del mercat i la funció artística i social que detenten.

Com a contrapunt deliberat, el dramaturg Manuel Molins, que des de València pot contemplar de manera diferent el canvi de paradigma, desemmascara les actituds pretesament rupturistes o provocadores que denoten un emocionisme de xoc, un narcisisme malaltís i una buidor ideològica incapaços de forjar projectes col·lectius. Amb cura d'enfondir en el valor i el sentit de les paraules, Molins reflexiona sobre el compromís resistent als embats del poder a través d'una doble metàfora: *el somriure de Galileu*, que posa de manifest la necessitat d'una resistència productiva que, distant i lúcida, continuï investigant i creant honestament, i *la resistència de Sísif*, un model mític que, amb la utopia com a esperó, respongui a la complexitat contemporània. L'esplèndida metàfora de Galileu i Sísif, dues cares complementàries de la resistència necessària, és el marc previ de reflexió per dilucidar el procés històric –del compromís a la complaença, tot passant pel desencís– que l'escena catalana ha viscut del 1970 al 2001. Si alguns dels sectors antifranquistes maldaven per neutralitzar les dissidències ideològiques i estètiques com a estratègia per imposar-se, Molins constata que, del 1985 ençà, una mena d'oligarquia ha monopolitzat l'espai de poder teatral, ha liquidat tot el llegat anterior i ha instituït uns corrents formalistes aparentment des-ideologitzats. Davant d'aquesta situació, com davant dels desa-fiaments del futur, el teatre pot continuar essent, en opinió de Molins, una via per impulsar una resistència *constructiva i complexa* que preservi la pluralitat inevitable i que permeti de fer front als reptes ètics i estètics d'avui.

L'evolució de la dramatúrgia textual i no textual, amb les asin-tonies i diferències pròpies, és observada a L'ESCENA DEL FUTUR des de dues mirades contrastades que no s'estan de prendre-hi partit. El dramaturg Carles Batlle ressegueix l'evolució de la dra-matúrgia catalana des del teatre independent fins a l'actualitat i en remarca sobretot les vicissituds sofertes pels autors. Després d'apuntar la necessitat d'una *revisió crítica* de la dramatúrgia dels seixanta i setanta, Batlle destaca la revifalla del text teatral a les dècades dels vuitanta i dels noranta, a partir sobretot de l'«ope-ració Belbel» i la irrupció d'una nova fornada de dramaturgs. En aquest procés, l'actitud de Josep M. Benet i Jornet, que es deixa *contaminar* pels nous aires estètics, i la implicació de José Sanchis Sinisterra, com a teòric i director de la Beckett, hi jugà, segons Batlle, un paper fonamental per promoure les noves propostes i els nous autors. El triangle de complicitat Belbel-Benet-Sanchis va tenir unes repercussions estètiques en la definició d'una drama-túrgia que Batlle anomena «relativa» i que exemplifiquen autors com ara Lluïsa Cunillé o Josep Pere Peyró. L'anàlisi de les carac-terístiques de la nova escriptura dramàtica, de caire minimalista i formalista, la valoració dels principals dramaturgs sorgits als pri-mers noranta, la defensa de l'estètica «relativa» nascuda de la postmodernitat, la definició dels trets distintius i les derivacions de la nova dramatúrgia completen el recorregut que, com a jutge i part del procés, Batlle traça de la literatura dramàtica de les tres darreres dècades. Un recorregut que acaba amb el dibuix del «mapa» de l'autoria més recent que demostra la diversificació de tendències i models i, adés i ara, la persistència de les dificultats dels dramaturgs per accedir als escenaris.

Des d'una actitud també vindicativa, Mercè Saumell, investigadora teatral, esbossa un panorama de «l'altre teatre català», el constituït pels grups i companyies de dramatúrgia no textual. Emmarcades les raons ancestrals del textocentrisme, Saumell és del parer que la institucionalització teatral d'aquests darrers anys ha deixat a l'ombra el treball dels grups. A més de descriure'n la idiosincràsia, constata la importància d'aquestes companyies en la creació escènica contemporània i l'ascendència que tenen en l'escena internacional. L'estudi de la història dels grups evidencia una sèrie de «llums» i «ombres» que tant el procés de professionalització com la institucionalització han generat. Després d'enumerar-les, Saumell conclou que les institucions han apostat per la dramatúrgia textual i, en canvi, tot i el prestigi internacional i malgrat l'assumpció de riscs estètics, s'han mostrat hostils als col·lectius. Causes? La seva filiació al teatre popular i a les pràctiques trencadores i contraculturals urbanes convertien els grups, segons Saumell, en «incòmodes políticament», una situació que els ha exclòs dels processos d'institucionalització (TNC, Teatre Lliure, Gran Teatre del Liceu) i que els ha impedit de gaudir d'un espai d'exhibició propi. L'ampliació constant de la tradició catalana del teatre de gest –iniciada per Els Joglars– i l'experimentació amb les noves tecnologies –de la qual és pionera La Fura dels Baus– esdevenen dos aspectes que, a parer de l'autora, contribueixen a mostrar el dinamisme dels grups. Saumell es pregunta qui prendrà el relleu dels col·lectius consolidats i com continuaran en un temps que sembla impossible per al tipus de teatre que duen a terme.

Talment com en el cas de Molins, ens interessava també de poder disposar del testimoni d'un creador que hagués viscut per dins el canvi de l'evolució estètica i ideològica de les arts escèniques i que podia tenir-ne una opinió propera i discrepant. El director d'escena Iago Pericot ha respost perfectament a aquesta intenció. Partint de la pràctica escènica, Pericot posa en qüestió tota una sèrie de rèmores ja gairebé endèmiques de les arts escèniques catalanes des del 1975 ençà i argumenta lúcidament de quina manera l'explosió de noves vies escèniques del final del franquisme ha acabat en una situació de *stand by* o d'art controlat. Aquesta reflexió sobre el control exercit pel poder, sigui polític, cultural o acadèmic, i el mateix autocontrol limitador dels creadors, és el traç constant i més visible de la reflexió de Pericot. La seva visió independent li permet de disseccionar, de manera incisiva i punyent, aspectes com ara els efectes de la professionalització i la institucionalització del teatre o la complementarietat entre el dramaturg i el director, i entre el teatre textual i el no textual. Optimista malgrat tot, Pericot està convençut que, per superar l'actual atzucac, el futur necessita no tan sols una revolució teatral, sinó sobretot cultural, i reclama en aquest sentit una aproximació del fet teatral a l'espectador incorporant els problemes que el toquen de prop.

Sensibles a la perifèria dels discursos hegemònics, vam voler també deixar memòria de l'excepcionalitat que les arts escèniques poden patir a causa de la ubicació *geogràfica* o de la marginalitat *genèrica*. Així, a propòsit de la situació teatral de les Illes, el dramaturg i director de teatre Josep Ramon Cerdà opina que no és ni perifèrica ni alternativa, sinó «aïllada». Cerdà equipara les relacions teatrals entre Barcelona i les Balears (centrades bàsicament en Mallorca) a una comminació i en dóna els motius. D'entrada, fa notar que els esdeveniments i les trajectòries teatrals de les Balears han estat ignorats, fins al punt que els illencs tan sols formen part del mercat teatral català com a públic consumidor. Cerdà traça l'itinerari per on s'ha desenvolupat la realitat creativa de les Illes i assegura –a la manera d'Oliver– que Mallorca no ha produït «cap tradició teatral culta aprofitable». Tanmateix, està convençut que la recuperació teatral s'ha posat en marxa d'una manera paradoxal ja que, si bé mai el teatre no havia tingut un nivell tan alt, encara hi ha mancances notables. En aquest punt, la seva aportació fa un paral·lelisme entre alguns dels processos que es produeixen a Barcelona i a Mallorca per subratllar el retard en la professionalització del sector –motivada per la inexistència d'una televisió autonòmica i d'un teatre públics–. La manca d'una política de producció des d'un teatre públic, i de la crítica i reflexió teòrica, al costat del cost econòmic i cultural de la insularitat, han perjudicat l'escena illenca. Cerdà planteja una sèrie de reptes i d'interrogants sobre el futur del teatre insular i aposta per un diàleg entre creadors com a condició *sine qua non* per avançar.

Al seu torn, Bàrbara Raubert, crítica de dansa, s'afanya a posar damunt de la taula les raons de la precària normalització de la dansa catalana i de la minorització que se'n deriva. L'article de Raubert aporta nombroses dades que dibuixen l'estat actual de la dansa que, malgrat l'extraordinària força i innovació dels creadors, es troba gairebé en una situació marginal respecte de les

altres arts escèniques. No obstant això, l'anàlisi es revela opti-
mista atenent a la internacionalització dels ballarins i coreògrafs,
a la diversitat de propostes personals o de companyies i a la pre-
sència cada cop més important d'espais alternatius, festivals i
mostres que n'acullen les creacions artístiques. La definició inicial
de la dansa com a moviment en expansió, que reflecteix el gran
potencial de la dansa contemporània, és una clara invitació de
Raubert a superar la situació paradoxal que viu aquesta discipli-
na als Països Catalans.

Un punt i a part mereix la valoració retrospectiva dels discur-
sos crítics i de la capacitat o incapacitat que han tingut per exercir
una influència real en les tres darreres dècades. Gabriel Sansano,
historiador del teatre, recorda les tenses relacions entre els crea-
dors i els crítics, tot i que aquests darrers atresorin la possibilitat
de pervivència de l'efímer en la memòria, i remarca la importància
que tingué la crítica més jove en l'eclosió del teatre independent.
Després de verificar la pràctica inexistència d'estudis sobre la crí-
tica teatral i, sobretot, sobre l'evolució de l'exercici de la crítica,
Sansano fa notar el recanvi que hi ha hagut i desgrana algunes
dades per al seu estudi en el darrer terç del segle xx. La descripció
del panorama de la crítica i les diferents maneres d'exercir-la és
completada amb la visualització de l'espai i les veus més destaca-
des. Sansano posa de manifest la pèrdua d'espai per a la crítica en
la premsa diària, compensat per la profusió de publicacions infor-
matives o especialitzades que acullen informació i reflexió teatrals,
i també anota el decalatge entre el món acadèmic i la crítica pro-
fessional a l'hora de definir els àmbits d'estudi i d'ofici.

Quatre veus crítiques

La secció «Diàleg» agrupa quatre veus crítiques de professionals en actiu de les arts escèniques actuals: Hermann Bonnín, Joan Cavallé, Jordi Coca i Gerard Vàzquez. Des d'experiències i àmbits diferents, els quatre participants en el debat parteixen de l'anàlisi del passat i del present de les arts escèniques per tal de projectar-los cap al futur. Comparteixen, en general, la necessitat de replantejar el model teatral instaurat en aquests darrers temps i de teixir relacions entre els professionals i els nuclis creatius dels Països Catalans. A pesar de la diversitat d'opinions i de mirades, el consens també és unànime a l'hora d'oferir una visió inconformista que defuig el cofoisme en què viu instal·lada des de fa anys una bona part del sector. Amb graus i intensitats diferents, tots quatre coincideixen a tenir la sensació que, en el panorama de l'escena actual, tan políticament correcte, el contrast i la divergència no hi tenen cabuda.

A l'hora de disseccionar el balanç entre els guanys i les pèrdues de l'evolució de les arts escèniques entre el 1975 i l'actualitat, tot i el car peatge que s'ha pagat, es perceben suficients elements positius que, per contra, no han impedit una realitat, la d'avui, amb pocs al·licients, atès que el teatre ha perdut l'espai social i cultural de què gaudia abans. Actualment, les arts escèniques no generen opinió, una de la seves funcions essencials; han perdut espontaneïtat, i són massa víctimes dels dirigismes de l'acció pública, el model cultural de la qual es percep com a obstacle més que no pas com a pont entre estètiques i iniciatives. El resultat de tot plegat, i aquí hi ha també unanimitat, és una homogeneïtat estancadora que, tot i la diversitat estètica existent, no ajuda a acolorir el paisatge ni a fer-lo més embellidor. En aquesta línia crítica, els participants en el debat creuen que encara queden moltes assignatures pendents, com ara la creació d'un repertori del conjunt d'obres i autors de la nostra tradició teatral i la reobertura de les naturals vies de comunicació artística entre els Països Catalans.

Pel que fa als reptes de futur de l'escena catalana, des de l'àmbit professional i des de les experiències viscudes, Bonnín, Cavallé, Coca i Vàzquez plantegen bons desigs que aspiren, fet i fet, a contribuir a la consecució d'un futur millor: des del reclam d'un teatre públic potent o d'una participació més gran de la figura de l'autor en el procés de representació, fins a l'equilibri territorial com a eix de la política cultural, passant per la disminució de la distància entre els teatres petits i grans o, entre altres aspectes, la defensa de l'anàlisi teatral –l'assaig, la crítica i la història– o la recerca de referents escènics més innovadors i arriscats. Comptes fets, les propostes suggerides per cadascun d'ells revelen alguns dels punts febles de la situació actual de l'escena catalana i convergeixen en el fet de tenir-la per millorable a fi de consolidar-ne els guanys i fer-la avançar cap endavant, cap al futur.

Una memòria per fer

La deliberada combinació de visions més joves amb altres de més experimentades, la dels qui han viscut en la pròpia pell el canvi de paradigma i la dels qui el contemplen des de la distància investigadora, coparticipen parcialment en la reconstrucció de la memòria del procés viscut, tan necessària per preparar un futur tot preservant un passat. Com els joves historiadors catalans, considerem que «sense memòria, no hi ha futur», i és per això que hem intitulat aquest llibre amb el substantiu de «futur» que acompanya al d'«escena», com a metonímia de les arts de l'espectacle, i hem reservat la paraula «memòria» per al subtítol. Són aquestes dues coordenades allò que, des del nostre punt de vista, ens permeten de repensar el passat i d'acarar-nos al demà.

En definitiva, la pluralitat d'interpretacions recollides a L'ES-CENA DEL FUTUR. MEMÒRIA DE LES ARTS ESCÈNIQUES ALS PAÏSOS CATALANS (1975-2005), tant les col·laboracions escrites com les intervencions en el debat del Diàleg, constitueix una aportació decisiva per *fer memòria* crítica de l'evolució de les arts escèniques en aquests darrers trenta anys i, també, per definir-ne les línies de ruptura i de continuïtat, per entreveure'n els viaranys de *futur*. No pas perquè –ni que sigui per la perspectiva del temps– destil·lin una història o una memòria completes, definitives i indiscutibles, sinó precisament per tot el contrari: per les aproximacions indagatòries, parcials, agosarades i opinables que, des d'òptiques diverses, contribueixen a avivar un futur encara per viure i una memòria (encara) per fer.

Vilanova i la Geltrú / Tarragona, primavera de 2006

Buscant la pedra filosofal: entre la institucionalització i el mercat teatrals

Núria Santamaria[*]

Des de la dècada dels noranta, han anat apareixent alguns llibres de caire testimonial o biogràfic, com els d'Adolfo Marsillach, Joan Brossa, Núria Espert, Albert Boadella, Josep M. Loperena o Jaime Salom, que ens demostren que queden molts angles cecs en les cròniques pervingudes sobre la nostra història teatral recent, més d'una veu inoïda i no pocs temes bandejats. Probablement, entre el munt de motius, perquè la ressaca dictatorial va ser llarga, perquè l'analgèsic democratitzant va resultar benigne per a quasi tots i perquè els protagonistes o els fills dels

* Núria Santamaria (Barcelona, 1964), professora al Departament de Filologia Catalana de la Universitat Autònoma de Barcelona i coordinadora amb Carles Batlle del Programa de Doctorat en Arts Escèniques, escriu cada mes una crònica teatral a L'Avenç. Els seus darrers articles de recerca s'han centrat en el teatre català des de la Transició fins ara.

protagonistes de l'hora encara viuen i treballen en uns països petits amb un marge escassíssim per a la completa independència intel·lectual i artística. La momificació historiogràfica, l'esbudellament minuciós del patòleg no és factible si el cos encara belluga, i és obvi que el cos belluga prou com per fer mentiders els diagnòstics massa taxatius. Cal limitar-se, doncs, a la hipòtesi versemblant, a la rudimentària radiografia i a l'opinió lleial.

La pedra angular del teatre independent

Un dels tòpics més estesos sobre el desplegament teatral en llengua catalana, des del 1975 ençà, ha estat l'assumpció que la regularitat de la vida escènica del territori va ser producte del teatre independent, dels nuclis que s'havien erigit com a alternativa a l'oferta comercial ordinària i a l'*amateurisme* de grups parroquials i societats recreatives. El repàs de la nòmina d'autors, actors, directors i gestors que han mantingut la influència dins de la professió després de la mort de Franco inclina sense manies cap al sí: els germans Sirera o Juli Leal al País Valencià, Antoni M. Thomas a Palma (amb totes les distàncies i tots els matisos que les circumstàncies de les Illes reclamen), Domènec Reixach, Feliu Formosa o Joan Ollé al Principat demostren que, en efecte, alguns dels resistents d'aleshores marcaren la pauta dels canvis ulteriors –una pauta, no cal dir-ho, condicionada i relativa–. Tanmateix, és probable que l'afirmació perdi rotunditat si ens aturem a considerar variables addicionals, com ara –i només en mencionaré dues– que no totes les figures de relleu en la transformació democràtica del sector provenien dels corpuscles independents, per més que hi compartissin determinades posicions, i que la conjuntura era pugnaç –uns models, uns estils, unes generacions maldaven per substituir-ne uns altres.

Quant a la primera variable, n'hi ha prou de recordar que Núria Espert va ser directora del Centro Dramático Nacional de Madrid al costat de José Luis Gómez i José Tamayo durant la temporada 1979-1980, i que Hermann Bonnín va assumir el timó del Centre Dramàtic Nacional de la Generalitat de Catalunya a partir del 1982. Pel que toca a la segona qüestió, la de la conjuntura, s'ha d'anotar que el gruix dels activistes dels setanta aspiraven a l'estabilitat, la continuïtat i la dignificació professionals, però també s'adonaven que el traspàs del dictador oferia l'avinentesa de donar el tomb a alguns dels mals endèmics del teatre en català, de fer foc nou i posar-se a l'alçada de la idealitzada normalitat europea.

En tot cas, les innovacions estètiques i tècniques occidentals, a penes entrevistes per les escletxes que tolerava el règim (iniciatives com ara el Cicle de Teatre Llatí, patrocinat per l'Ajuntament de Barcelona, el Festival de Sitges, o l'eventual visita d'alguna companyia forastera com The Living Theatre), havien estat assajades, a la pràctica, pels grups independents sobretot, i era aquesta audàcia creativa, sumada a l'antifranquisme inherent, el que els permetia presentar-se, un cop mort el tirà, com a legítims refundadors del teatre autòcton, en detriment dels rònecs patrons comercials.

El matisat viratge va ser possible perquè la mobilització i conscienciació corporatives eren efectives des dels darrers anys del franquisme, però també perquè hi va haver un grapat de crítics i periodistes (Xavier Fàbregas, Joaquim Vila, Antoni Bartomeus,

Joan Anton Benach, Gonzalo Pérez de Olaguer des de la revista *Yorick*, etcètera) que van donar suport a aquests grups, els van concedir crèdit intel·lectual i reconeixement públic i els van servir contraforts ideològics. Des d'aquest punt de vista, la idea –un bon tros assumible– que el teatre en llengua catalana d'aquestes tres darreres dècades i escaig deriva dels escamots dramàtics independents, tal vegada dibuixa una genealogia atractiva, depurada d'incòmodes connivències amb el totalitarisme o amb la prosaica comercialitat, però també delata una visió acomplexada de la pròpia tradició que tendeix al reduccionisme (victimista o heroic, segons els casos) i un prejudici culturalista que, si no ha contribuït a les malformacions del mercat, amb freqüència l'ha menystingut com a eina de ponderació qualitativa.

Així i tot, el fet que les principals maniobres de rehabilitació del patrimoni dramàtic nacional d'aquests anys a càrrec d'institucions públiques hagi passat per noms com Escalante o Sagarra, l'episòdica reivindicació de Joan Capri, les reclamacions –minoritàries, però periòdiques– de la revista, la integració d'intèrprets com Mercè Bruquetas, Rafael Anglada, Montserrat Carulla o Carles Lloret en produccions postfranquistes, per citar només uns quants indicis, potser haurien de diluir les prevencions respecte al llegat artístic de la immediata postguerra i esclarir els deutes que també ens lliguen amb els qui exerciren la professió dins del perímetre d'un determinat circuit professional. Alguns estudiosos ens han aplanat el camí quant a la captura, organització i interpretació de les dades decisives i dels esdeveniments més destacables entre el 1939 i la dècada dels setanta, ens han proporcionat una arboradura teòrica i documental preciosa que caldria complementar amb estudis monogràfics de la vida dramàtica a comarques i a l'entorn de figures d'indiscutible significació com Xesc Forteza, Lluís Elias, Ramir Bascompte, Lluís Orduna o Rafael Caseres, és a dir, a l'entorn de la producció comediogràfica, les fórmules empresarials, la direcció d'escena i l'escenografia «no-independents»... amb l'objectiu de divulgar les variables que han conformat l'humus escènic català i de comprovar-ne la sintonia amb el paladar coetani, més que amb el d'omplir les prestatgeries de les biblioteques.

Amarrada encara a aquesta paternitat selectiva que ha col·locat el teatre independent com a principi generador d'una part important de les consecucions actuals, potser no és del tot sobrer preguntar-se amb quin grau de generalització sublimadora ens hem servit d'una categoria que, en efecte, té molt de calaix de sastre, fronteres difuses i una cronologia laxa. Dir «teatre independent» és dir tant que potser no és dir gaire res. A pesar de les repetides temptatives d'autodefinició i de coordinació, que a escala espanyola es van materialitzar en un projecte com la Federación de Teatros Independientes, els estatuts i el nomenament d'una comissió gestora de la qual es varen aprovar l'octubre de 1966 en el I Congreso de Valladolid, a pesar de les enquestes, els comentaris i les declaracions de principis, la jurisdicció conceptual del terme no és nítida. La terbolesa es deu en part a una aplicació libèrrima de l'etiqueta sobre fenòmens veïns, tangencials, a estones en franca intersecció, com el teatre de cambra o el teatre universitari, i en part a la dinàmica mateixa de les manifestacions, fèrriament vigilades o directament clandestines, que es podien produir aleshores.

L'adjectiu «independent» era prou balder des del punt de vista semàntic per aixoplugar tots aquells que, al marge de pràctiques específiques, brandaven la llibertat de creació i exhibició. La possibilitat d'ésser i produir-se fora de les esclerotitzants imposicions del taquillatge i de les consignes oficials era l'emulsionant decisiu. Potser té raó Manuel Molins quan escriu que era aquella voluntat el que els convertia, de retruc, en dissidents i antifranquistes (2003: 65), però tampoc no és descartable l'ordre de factors invers, és a dir, que l'ideal polític i social considerés el teatre com un instrument (penseu, per exemple, en grups com La Pipironda). En tot cas, la lluita per la supervivència va determinar la disposició combativa amb mentalitat de guerrilla, que va afavorir la descentralització del consum, la multiplicació de grups de qualitat arreu del territori, la renovació del llenguatge escènic –impulsada també per les dificultats econòmiques i materials de les representacions–, les concepcions sobre l'ofici teatral i la importació d'autors i corrents forans (des de Beckett fins a Wesker) que poguessin atorgar un escreix intel·lectual i artístic als muntatges.

La precarietat era sostenible en la mesura en què es considerava transitòria, una manera de fer camí vers la reorganització integral del sector, per això els més pragmàtics o els més possibilistes participaren en els circuits convencionals quan es va brindar l'ocasió: les dues temporades de la companyia Adrià Gual al teatre Romea (1966-1968), els espectacles dels cicles de teatre per a nois i noies «Cavall Fort» distribuïts arreu del Principat des del 1967, la criticada aventura del Teatro Nacional de Barcelona (1968-1975)... I per això s'intentaren orquestrar, des de ben aviat, plataformes que sedimentessin la presència pública regular d'aquestes opcions amb espais d'exhibició com el Casino de L'Aliança del Poble Nou, seu de la fracassada operació *off Barcelona* (1967-1968), el Teatre Capsa (des del 1969) o la Sala Villarroel (des del

1973); la militant acció notarial dels crítics ja comentada, l'estímul periòdic d'uns premis (el Cova del Drac, el Ciutat de Sabadell, el Ciutat d'Alcoi, etcètera) i el coixí d'unes col·leccions de textos teatrals –El Galliner d'Edicions 62, Teatre de Tots els Temps de Robrenyo– pensades per fornir materials als grups, o bé per consagrar-ne els muntatges més paradigmàtics, com és el cas de *Cel·la 44* (en la reedició del 1970) o de *La setmana tràgica* (1975).

En bona lògica, el terrorisme cultural quasi mai no va ser contemplat com a tàctica perquè, arribats a un cert punt, el que semblava prioritari era presentar-se com a alternativa solvent, per això la sobtada ocupació del Teatro Principal que es va efectuar com a mesura de protesta davant de la prohibició de representar *Kux, my Lord*, de Muñoz Pujol, i *Farsas contemporáneas*, de Martínez Ballesteros, durant el I Festival Internacional de Teatro de San Sebastián (1970) –el Festival Cero–, va ser desaprovada amb ulterioritat per més d'un opinant, que considerava que l'acció havia incrementat la imatge d'esvalotadors de la gent de teatre i havia posat en perill la continuïtat del festival. El cas és significatiu, perquè palesa la basculació cardinal del sector entre l'imperatiu d'organitzar un front comú que, com a mínim, substanciés la presència d'un teatre refractari a l'atonia artística d'allò que consentia la dictadura, i les múltiples divergències internes que sorgien en l'esfera pràctica, i que la labilitat mateixa dels grups o el to de certes polèmiques (la que qüestionava el paper i la funció dels dramaturgs catalans, per exemple) ja anunciaven.

Pedres a la pròpia teulada

Fa tot l'efecte que l'oposició a la repressiva autocràcia franquista i el rebuf, gens primmirat, cap a formes teatrals instituïdes no eren nexes prou poderosos per mantenir cohesions a llarg termini, i potser per això encara estem discutint-nos sobre aspectes, temes i qüestions que ja es van suscitar aleshores. Hem heretat, això sí, el pinyó fix de la disputa, el costum de la protesta i la reclamació incessants, la desconfiança neuròtica en el poder exercit per altri, i una entrebancadora síndrome de Penèlope que s'ha estès pertot: cada equip de relleu desfà el que han fet els predecessors i torna a fer... La sospita i la impacient vigilància dels uns, l'arrogància desafiant i la miopia dels altres, ens ha tornat poc generosos o directament mesquins, en prejudici de la diversificació dels discursos artístics i intel·lectuals, de l'estratificació de l'oferta i el consum culturals i de la independència creativa mateixa.

Els anys de transició, des dels inicis dels anys setanta –amb les crestes de la vaga d'actors del 75, les dues mostres de teatre independent al Micalet i al València-Cinema durant la temporada 1974-1975 o l'Assemblea d'Actors i Directors creada el 76 a Barcelona– fins a l'embrionària institucionalització en girar la dècada dels vuitanta amb els teatres de la Diputació (1979) a València i el Centre Dramàtic de la Generalitat (1981) van ser també anys de cismes i confrontacions internes. Tenint en compte que els treballadors de l'espectacle no eren un bloc ideològicament monolític, les fractures eren explicables.

De fet, la peremptorietat amb què es van imposar les discussions sobre els drets laborals i l'establiment d'unes bases adequades per a l'exercici professional més aviat devia camuflar circumstancialment desacords i pugnes intestines. No es pot passar per alt, en aquest punt, que l'Assemblea d'Actors i Directors va ser en els seus inicis una assemblea sindical i que el detonant de les primeres vagues va ser d'ordre estrictament corporatiu, la qual cosa no treu que en les mobilitzacions públiques del gremi (les proclames, les auques, les manifestacions) s'hi incorporessin a dretcient vindicacions de més calat que derivaven de la convicció àmpliament compartida de la transcendència que la cultura podia i havia de tenir en una societat democràtica.

El lema del primer festival Grec, «per a un teatre al servei del poble», compendiava l'esperit de cooperació civil que els artistes volien propiciar. Més enllà, però, de l'efímer miracle autogestionari de l'esdeveniment, els antagonismes, les expectatives frustrades, les discrepàncies –que l'ull atent pot entreveure en el disseny del programa d'aquell primer festival–, es mantenien i emergien amb els testimonis del llibre d'Antoni Bartomeus, *Els autors de teatre català: testimoni d'una marginació* (1976), amb la secessió de l'Assemblea que va donar lloc a l'Assemblea de Treballadors de l'Espectacle al novembre de 1976, amb una enfadosa mala maror que Francesc Boada lamentava en un article de *Serra d'Or* del juny de 1976, titulat «Teatre català, pocs i mal avinguts», i que Jordi Mesalles, càustic, condemnava sense miraments el 1979, des de la seva secció a *El Viejo Topo*:

«Lo que podrían ser productivos debates, a la búsqueda de una mejor práctica profesional, exigiendo a la Administración el lugar que nos corresponde en una hipotética política cultural para organizar la infraestructura necesaria, se zanjan en un angustiante verdulerismo subcultural, donde cada uno, desde la ventaja o desventaja que le da su nombre, canaliza sus fantasías reprimidas.»

Amb independència de les posicions estètiques i ideològiques que Mesalles, membre de l'extingida ADTE, podia defensar, el seu era un diagnòstic cruament encertat i, segons com es miri, en plena vigència. L'any 79, de les assemblees ja no se'n cantava gall ni gallina, la tutela de censors i governants havia descendit, la combativitat dels teatrers i la solidaritat que en determinades èpoques havien encès entre la població, també. Dirimir les causes d'aquest refredament no deu ser fàcil, sobretot quan l'organització estatal s'estava apedaçant amb sutures de conciliació política, tots ens delíem per gronxar-nos en el simulacre d'una democràtica normalitat i el resistencialisme militant cansava.

Tot amb tot, algun dia caldria aturar-se a considerar fins a quin punt el clima de picabaralla constant al·ludit o la sonada evasió d'Albert Boadella, que havia estat engarjolat arran de les representacions de *La Torna*, la negativa del personatge a convertir-se en màrtir d'una altra causa que no fos la seva enmig d'una intensa campanya col·lectiva en favor d'Els Joglars i de la llibertat d'expressió, no resultaren decebedors per al ciutadà corrent. Per al ciutadà normal i fins per als companys d'ofici. El relatiu desmenjament amb què es va tractar la feta del *Concili d'amor* el 1980 n'és un símptoma: Pere Planella volia estrenar la peça d'Oscar Panizza al Teatre Lliure, el projecte va ser qualificat de «S» i, en conseqüència, privat del dret a qualsevol subvenció oficial. La cooperativa de Gràcia va decidir retirar el projecte, Planella, Muntsa Alcañiz i Guillem-Jordi Graells marxaren del Lliure, l'afer es va recollir a la premsa, però sense alçar massa el diapasó de la denúncia i sense gota de renou popular.

Campanyes redemptoristes, missions politicoculturals, batalles ideològiques, la meta que havia fixat el programa fundacional de l'Assemblea d'Actors i Directors d'un teatre que no havia de ser «per rics / ni per quatre catedràtics / Serà sempre un teatre obert / als ciutadans democràtics» decandien, en haver-se-les amb un panorama on el dret a la supervivència professional dels individus o de certs grups va passar al davant de problemes que podien semblar menys immediats o més abstractes. No es tractava, diria, d'un desaprensiu campi qui pugui. Al capdavall, la reclamació d'un marc legal congruent i d'unes plataformes públiques idònies va ser, ha estat, és una constant dels homes i dones de teatre, si no hi han reeixit deu ser, entre moltes altres raons, per les que apuntava Mesalles: les seves al·legacions mai no han aconseguit depurar-se o, si més no semblar depurades, de porfidiosos personalismes i d'interessos particulars.

No és estrany, doncs, que les ferides encara supurin. El gran debat, és a dir, la definició de les funcions que les arts teatrals produïdes en l'àrea catalanòfona han de desenvolupar i les formes d'imbricació social que han de tenir –procurades per instàncies públiques o creades pels propis mitjans– mai no s'ha arribat a tancar de forma satisfactòria. El que s'hauria de dirimir és un pom de temes que abasten la concepció de l'ofici i de les vies de professionalització i formació, i en conseqüència, les relacions amb el mercat, amb les administracions i l'encaix amb una cultura que no acaba a les ciutats –ni a València, ni a Ciutat de Mallorca ni a Barcelona.

El suc de les pedres institucionals

Travessada l'etapa d'incertesa que seguí a la mort de Franco, lentament enfilada l'articulació democràtica del país, el Congrés de Cultura Catalana (1977) va apuntar unes directrius per al desenvolupament de les diverses àrees culturals que es manifestaven decididament compromeses amb la definició d'una identitat pancatalana i amb una vocació social. Els documents que es refereixen a les arts escèniques fixaven objectius ben nítids d'intercanvi, descentralització, eficàcia coordinadora i creació d'un cos legislatiu que organitzés el sector.

Dir que tot allò va ser lletra morta, potser seria excessiu, però en ple Congrés Ricard Salvat ja advertia, en un reportatge d'*Oriflama*, que no s'havien assolit «les fites que calia assolir», i Jordi Teixidor ho reblava amb una escèptica observació: «tinc la impressió que el Congrés té un muntatge buocràtic que no sé si era necessari i que encara ha de demostrar la seva eficàcia» (núm. 6, 2/8-VII-1977, pàg. 28). El séc de contrarietat, l'agredolça sensació que els directors obtenien de l'experiència del Congrés preludiaren, en bona mesura, el signe de les relacions entre la classe política i els professionals de l'espectacle.

Sense pretendre abonar simplificacions maniquees, és força evident que la disposició constructiva dels qui coneixen l'ofici i que s'han prestat a col·laboracions institucionals, acceptant càrrecs, formant part de comissions, dirigint festivals, etcètera, s'ha malversat en més d'una ocasió i més de dues a remolc d'afanys espuris. Tots podem fer memòria de dimissions com la de Xavier Fàbregas al capdavant del Centre Dramàtic de la Generalitat el 1981, la de Joan Anguera, que el 2002 va abandonar la direcció de la Fira de Tàrrega, o la de l'equip sencer del Circuit Teatral Valencià el 2005. Així i tot, no és menys cert que l'absència d'una llei del teatre que determini unes condicions objectives de desenvolupament i regulació del sector, ha coadjuvat a aviciar els tractes entre artistes i administracions. El fet de pertànyer a la confraria teatral, la butlla d'uns drets adquirits en els temps heroics, s'ha argüit amb freqüència per munyir i pressionar les institucions: quan el conseller Joan Rigol declarava que ni Els Joglars ni Comediants tenien designat cap mena d'ajuts en els pressupostos de 1984, la reacció dels històrics va consistir a anunciar una nova versió de l'*Operació Ubú* i una adaptació catalana conjunta de l'òpera *Evita*. Les acres negociacions entre el Teatre Lliure i les entitats polítiques de torn van tenir un punt d'inflexió decisiu amb la dimissió de Josep Montanyès com a gerent del consorci de la Ciutat del Teatre el 2001.

Els múltiples documents germinals per a una llei de teatre al Principat, els papers de l'Assemblea i el Congrés, els treballs de la Comissió Tècnica Assessora nomenada per la Generalitat provisional (1980), els de la Comissió Assessora de Teatre de la Generalitat depenent del Servei de Teatre de la Conselleria de Cultura (1981) i els plans concrets per fixar unes regles de joc estables, el Projecte de Llei elaborat per l'Institut del Teatre de Barcelona, la rebutjada proposta de Llei de Teatre que el PSUC va elevar a la Mesa del Parlament de Catalunya el 1982, etcètera, indueixen a pensar, més que en la tòpica desídia dels legisladors envers els afers de cultura, en una calculada indeterminació que ha proporcionat una gran amplada de màniga a l'aleatorietat dels criteris dels responsables de torn –tant als governs nacionals i municipals com a les diputacions–, i la patent per instrumentar, controlar, manipular sectàriament les activitats del gremi. El desencert del govern balear en matèria teatral de mitjan dels vuitanta ençà, l'infaust regnat del PP al País Valencià, la tendència a sortir de mare que, en el cas del Principat, s'ha repetit en fenòmens com el dispendi d'aquells trenta-quatre milions que va fer l'Ajuntament per muntar *Cançó d'amor i de guerra* durant quatre dies al Liceu el 1983, l'Olimpíada Cultural del 92 o el mamut arquitectònic del TNC... han atiat crítiques i enrevenxinaments, escàndols de setmana i mitja, turmentes en gots d'aigua que no han somogut les inèrcies adquirides per tots plegats.

S'ha dit i s'ha repetit que, en lloc de dissenyar una autèntica política teatral, les nostres administracions s'han limitat a administrar recursos miserables. Fa més de vint-i-cinc anys que Antoni Bartomeus ja feia notar que les subvencions eren cataplasmes que «resolen problemes momentanis i possibiliten uns productes concrets que es converteixen, així, en productes protegits, però sense cap continuïtat. I la cultura no ha de ser simplement protegida, sinó facilitada» (1980: 39). L'eina de la subvenció –que havia de ser provisòria o excepcional– s'ha mantingut, però, allargant agonies i segant creixences. La distribució de diners d'acord amb criteris sempre mudables, a voltes opacs, sovint erràtics ha anat creant inevitables greuges comparatius, ha produït humaníssimes injustícies, més d'una maniobra suspecta i ha creat unes nocives dependències entre el poder i els creadors, que han deixatat la subversió i han uniformat progressivament el panorama escènic. Dins la cleda institucional, hi cap la comèdia lleugera que pot rodar per festes majors i auditoris municipals, hi cap la proposta enribetada de gosadia estètica amb una plausible projecció exterior, hi cap el bibelot de repertori, hi cap la producció minoritàrie ria de quota... i allò que en queda fora sobreviu amb dificultats o passa inadvertit.

Per més que els diaris denunciessin en aquell moment beneficiaris de subvencions que formaven part de la comissió assessora que les atorgava (per exemple, Joan de Sagarra a *El País*, 28-XII-1983), que Xavier Bru de Sala participés en projectes patrocinats institucionalment com *Mar i cel* o *Cyrano de Bergerac* mentre ell era director general de Promoció Cultural, que l'ascens i caiguda de Josep M. Flotats com a director del Teatre Nacional de Catalunya ens ensenyessin ben a les clares les conseqüències d'un mandarinisme oprobiós, els professionals del teatre no han demostrat altra capacitat de resposta que gestos simbòlics i efímers com el de registrar la marca «Teatre Nacional» (Burguet Ardiaca, 1989: 4-5) o signar un manifest demanant el cessament del conseller de Cultura Josep M. Pujals (1997), sense superar la fragmentació interna i sense llimar els recels de la competència. La mà continua parada, i els que no hi guanyen confien a no perdre-hi massa. És prou legítim: cal sobreviure. I aquest (des)ordre de coses també l'ha sustentat l'escassa implicació –efectiva, tangible– d'intel·lectuals i de treballadors dels distints àmbits de cultura, i el fet que les deficiències de la gestió política en el camp del teatre passen inadvertides per a uns votants que senten la urgència lògica del quotidià (la carretera, la guarderia, el dispensari) i a qui potser ja els està bé que, en l'esfera del que no és imprescindible, les consecucions llueixin.

És clar que el balanç de la intervenció pública no pot ser taxativament nefand, atès que s'han perseguit resultats «ostensibles» sobretot. Només cal mirar com ha augmentat la relació d'auditoris, sales i teatres al llarg de tot el territori (Noguero, 2000: 57-

61), com determinades mostres i festivals han agafat embranzida
(la Mostra d'Alcoi, la de titelles d'Albaida, la de Ciutat de
Llucmajor, la de Barcelona, el Festival de Pallassos de Cornellà, la
Fira de Teatre al Carrer de Tàrrega, el Festival Temporada Alta de
Girona, etcètera) i com el tant per cent de creadors aborígens és
assistit amb metòdica poquesa a través de beques, premis, opera-
cions com el T-6, projectes com els Assaigs Oberts del Lliure...
miques que rarament omplen piques. S'ha de concedir que som
principiants: vint-i-cinc anys no són prou anys per compensar i
redreçar dècades de desgavell, però no és menys cert que s'han
perdut oportunitats d'or per vertebrar enraonadament la creació
escènica als Països Catalans: la intuïció d'un creixement reticular
a través de centres dramàtics, que podien haver estat motors de
producció per a cada contrada, i estacions eficients de distribució
i intercanvi, es va decapitar per la inèpcia dels tecnòcrates locals i
per la magnitud de les inversions agrupades en els grans coliseus.

Mentre el Centre Dramàtic del Vallès o el d'Osona no aconse-
gueixen revifar-se, tres de cada cinc espectacles que es munten en
els teatres públics de Barcelona tenen un embalum i unes exigèn-
cies tècniques que els fa inexportables: els retrets que durant la
temporada 1983-1984 va rebre la posada en escena de *L'òpera de
tres rals* al CDGC per aquest motiu, van sorgir un cop més amb *Les
aventures extraordinàries d'en Massagran* o amb *Les falses confi-
dències* del Nacional de la temporada 2005-2006. Amb sordina,
si voleu, perquè en un cas es tracta de teatre infantil, i perquè en
els espectacles per a adults es pal·lia els destret enviant Mahoma a
la muntanya amb la fórmula de l'excursió organitzada. Excursió
rima amb excepció, no amb hàbit, i cal rescabalar el visitant de
comarques amb entreteniments passadors, amb espectacles com-

plits que animin a repetir el pelegrinatge fins a la capital una altra temporada.

En la millor de les avinenteses, l'explotació d'un espectacle té un únic sentit; potser un lleidatà arribarà a veure algun dels productes de Barcelona, però el cas invers resulta altament improbable. La Xarxa de Teatres Municipals, engegada el 1986, ha facilitat un circuit per als espectacles professionals coordinat per l'Oficina de Difusió Artística, creada el 1996, per la Diputació de Barcelona, que també procura millores en els serveis i les infraestructures de la província, ve a ratificar el moviment d'irradiació des de la metròpoli. La funció que durant un període havia exercit la sala Villarroel, hostatjant companyies de Badalona, de Terrassa, de Vic o del País Valencià, els pactes entre els Centres Dramàtics de Barcelona i València, que afavorien col·laboracions i permutes, no sembla que hagin trobat continuadors regulars. Tret de casos com el de Paco Zarzoso o el d'Albena Teatre, Catalunya no s'interessa pel teatre del sud i les Illes resten condemnades a l'ostracisme. El projecte Alcover, dinamitzat el 1995 des dels municipis per mitigar hermetismes i generar un marc comú de treball balear-català-valencià, tampoc no va aconseguir grans transformacions. Tant de bo el Centre d'Arts Escèniques de Reus, que en la temporada del 2006 ha iniciat un atractiu programa de produccions pròpies, impliqui un canvi de signe que atorgui pluralitat al paisatge i que forci la sensata rendibilització de recursos humans i materials.

Parets de tota pedra

De fora estant, es diria que els treballadors catalans del món del teatre volen i dolen en temes de mercat. L'adjectiu «comercial» ha tendit a veure's com un demèrit, un sinònim de vulgaritat, d'abdicació estètica i fins de mimetisme estrangeritzant. Una sort d'esnobisme espès ha liquidat determinades formes d'espectacle o les ha recloses, ben sedassades, en el pavelló del parateatral amb els circs de disseny, el cabaret literari i les varietats amb tirada poètica. Fora dels Pastorets, les campanyes de sarsuela finançades per una caixa d'estalvis, les maratonianes temporades del tàndem de Paco Morán i Joan Pera, els bolos eventuals de vedets i còmics de revista, i algun altre fenomen aïllat, els espectacles populars de certa mena, enquadrats sense subterfugis intel·lectualoïdes en la diversió, estan pràcticament extingits. L'any 1997, Matías Colsada deia en una entrevista que l'antic Paral·lel «va morir quan van sortir les subvencions» perquè, segons l'empresari, les donaven «per fer obres que a ells els agradaven però al públic no» (*Avui*, 14-I-1997). L'afirmació és tendenciosa i discutible, però posa sobre la taula dos elements que han estat constants en tot aquest període: les acusacions de competència deslleial per part de les instàncies públiques i la tendència a privilegiar el gust minoritari que, tal vegada inevitablement, raquititza el consum.

És curiós advertir amb quina insistència els empresaris del sector privat han fet mans i mànigues per no passar per simples botiguers, bo i defensant la contribució social i la qualitat cultural dels seus projectes. Queda clar, d'un temps ençà, que una cosa és l'èxit d'un producte dignament elaborat i una altra l'embrutiment mercantil. No hauria de recar-nos gota admetre que els productors privats han estat una ala tonificant i fins pedagògica. La rutilant trajectòria que va seguir Anexa, des d'uns modestos inicis a Cardedeu el 1978, fins a esdevenir peça fonamental en la gestió i distribució d'espectacles a Catalunya i fora de Catalunya en cinc anys no es pot tenir per poca cosa. La societat 3XTR3S, constituïda amb Dagoll Dagom i Tricicle a partir del 1987, ha anat definint una oferta molt característica des de les seus del teatre Victòria i del Poliorama i ha preservat el malmès Paral·lel com a eix urbà d'espectacles. Focus ha trobat en la Fundació Romea un aparador de prestigi que es presenta com una filantròpica aliança de forces vives amb la pretensió de «recuperar el protagonisme que la societat civil ha tingut històricament en el foment de la cultura catalana» (www.fundacioromea.org). Aquest afany de voler estar a l'hort i a la vinya del negoci privat deriva en bona mesura d'un sentiment d'amenaça, impostat o real, que es fa palès en una actitud defensiva contínua, queixosa dels escassos incentius que les nostres legislacions atorguen al mecenatge artístic o a la inversió cultural d'alt risc, i de les discriminacions i els menyspreus de què es objecte per part dels gestors polítics o de la crítica.

Els planys dels empresaris no són capriciosos, ja s'ha suggerit que les institucions semblen haver-los suplantat més d'una volta amb els criteris amb què s'han dirigit els escenaris públics. El manifest del col·lectiu de directors del 1984, crític amb la gestió del CDGC, demanava que les plataformes institucionals servissin per a una investigació artística que es volia tan allunyada de l'elitisme com del populisme i que buscava «acomplir una funció [...] demostrar que és un fet viu que pot interessar vivament la gent del nostre temps» (Col·lectiu de Directors, 1984: 156). El deure d'atraure i formar el públic sovint s'ha reduït a fabricar l'esquer llaminer i a l'obtenció d'uns índexs d'ocupació satisfactoris, la qual cosa propiciava que només es protegís l'èxit probable i es bandegés el que tenia més risc. De fet, el tancament de locals com el Malic o l'Artenbrut de Barcelona, el final del Moma Teatre de València, la greu crisi que va esclatar el 2004 a l'entorn de les sales alternatives ho demostra. De manera recíproca, els empresaris es mantenen aferrats al pinso institucional, tant a l'hora de costejar espectacles concrets com a l'hora de tirar endavant iniciatives de més volada com el Projecte de la Catalan Theatre Worldwide, endegat per l'Associació de Companyies de Teatre Professional de Catalunya CIATRE i lubrificat amb el finançament de l'Institut Català de les Indústries Culturals.

Totes aquestes circumstàncies atenuen la possible especialització de l'oferta i marginen franges de públic. El gruix de les propostes espectaculars, hi posi qui hi posi els diners, naveguen en l'aiguabarreig de formes i estils, circulen entre el pol d'una decorosa banalitat i el de l'exquisidesa moderna. Autors, directors, actors, obres transiten sense problemes d'un escenari a un altre, de l'alternatiu al públic, del públic al privat, del privat al pare carbasser... i les xifres canten: a Barcelona, com a mínim, el públic s'encongeix −124.684 espectadors menys en la temporada 2003-2004 (*La Vanguardia*, 8-X-2004)–. El rar espècimen de l'espectador corrent percep, al marge d'estudis i estadístiques, que a les plateas sempre hi ha butaques buides i al costat del grupuscle d'addictes (la minoria omnívora), hi ha el conjunt flotant de clients d'un local concret, el dels consumidors genèrics d'oci que alternen el teatre amb el concert, el cinema o el restaurant, i el dels devots de l'intèrpret o el director del muntatge. D'altra banda, el descens de l'estratificació es pot tenir com un índex de progrés en la socialització de la cultura teatral, però el que erosiona pluralitats sol tenir altres efectes que no s'haurien de negligir i que Jaume Melendres descrivia en un article de fa onze anys:

«Allò que podria ser interpretat com una superioritat (una virtut, una conquesta) del teatre no és altra cosa que un símptoma de la seva decadència. ¿De què serveix que existeixi un model interclassista –més ampli i obert, podríem dir, menys restrictiu que el de la música– si és un model del passat? El fet que es perpetuï de generació en generació ens pot semblar extraordinari des d'un cert punt de vista, una prova de la universalitat del teatre. En realitat, és la prova dolorosa que des de fa un segle i mig no ha aparegut cap altre model o que, almenys, no ha penetrat en el subconscient col·lectiu» (1995: 55).

Joan Anguera, en un altre context, aportava de forma quasi simultània un testimoni, lúcid i adolorit, dels bous i les esquelles que s'havien perdut pel camí i de la desil·lusió que sentien els qui havien fet l'aposta vital pel teatre en el passat:

«Avui, a finals de 1995, el teatre que es fa al país s'ha "professionalitzat" tant i tant (i ho dic amb tota la ironia possible) que no hi ha lloc per a les "aventures poètiques". El calé és el calé i la majoria de teatreros volen "triomfar ràpid". S'ha de sortir a la televisió i així et vénen a veure al teatre, un públic que ja no sap si aquell actor o actriu fa un paper a l'obra que està veient o és el personatge televisiu que s'ha perdut en aquells decorats. Molt generalment, una bona obra és la que fa riure. El teatre una mica inquiet és un "pal" ple de collonades que només interessen a quatre pesudointel·lectuals inadaptats. L'administració, a cop de talonari, munta obres (arquitectòniques i teatrals) que donen carnassa a les baixes passions d'un públic que només vol evadir-se, i incita a un lliure mercat prepotent i vergonyós» (1996: 35).

El dellorigador de la situació –si n'hi ha– no rau únicament, diria, a mantenir la vida teatral de catalans, valencians i illencs dins la incubadora institucional de manera indefinida, ni d'eternitzar les cartes als Reis adreçades a les administracions, encara que persistir en la demanda d'una política teatral amb cap i peus, concebuda amb un horitzó més ample que el de l'interinatge legislatiu, amb una efectiva col·laboració dels òrgans gestors amb potestat dins dels territoris, amb un enfocament cultural i no exclusivament territorial, i on els professionals no hi compareguin com a simples convidats de pedra, sembla avui més crucial que mai. No obstant això, s'imposa també la responsabilitat d'assumir la situació amb pragmàtic realisme. Fa una bona colla d'anys que Melendres mateix estudia els números relatius a taquillatges i costos i els coeficients que resulten dels càlculs de les variables en joc no són falaguers. Una de les anàlisis més esclaridores va ser la que va exposar en la I Conferència de l'Espectacle en Viu de l'any 1993, on es comprovava que la majoria d'empreses treballaven a partir d'intuïcions econòmiques que tendien a ser ruïnoses, «creient que la nostra necessitat de fer teatre crearà en els ciutadans la necessitat d'anar-hi» (Melendres, 1993-1994: 8). Cal entendre les regles d'un mercat que, per bé o per mal, engoleix voraçment quasi tots els aspectes de la vida, i cal bellugar-se per respondre a les àrdues i incertes conjuntures que es presenten.

Els professionals del teatre tenen l'obligació ètica de no dilatar la mitja tinta, de deixar de nedar i guardar la roba al mateix temps, de defugir l'agònic viu-viu. Les decisions a les quals s'enfronten són d'envergadura i no poden esperar gaire, han d'elegir com i de quina manera s'instal·len en el mercat i quin grau de compromís volen tenir amb una cultura que és com un ou entre pedres i que, per més que ens pesi, encara depèn de voluntarismes i militàncies. Tenen el deure d'escoltar i fer-se escoltar entre els seus aliats en els altres fronts, tenen el deure de mirar de ser competitius sense vendre's l'ànima i, en conseqüència, tenen el deure de buscar l'excel·lència tècnica i la innovació expressiva sense oblidar la formació cultural i la tradició. Les petites productores «independents» que han començat a sorgir de fa poc –Bitó, El Vivero, La Perla 29, la novíssima Factoria Escènica Internacional– per una banda, i la sensibilitat que empreses com la Balañá ha mostrat en obrir el circuit de distribució comercial a projectes de Marc Rosich, Pau Miró o a la companyia de Bruno Oro i Clara Segura, per una altra, esvaeixen un bon feix d'aprensions. N'hi ha que volen caminar sense crosses: les institucions han de vetllar perquè l'itinerari estigui net, anivellat i sigui practicable, i els espectadors hem d'entendre que les aficions, per exòtiques que siguin, no han de ser necessàriament subvencionades i que el que val, costa. Creure una altra cosa, ara com ara, és tirar pedres al mar.

Nota bibliogràfica

ANGUERA, Joan (1996). «Crònica particular d'una relació amb el Sr. Antoni Artaud». *Assaig de Teatre*, núm. 4 (juny), pàg. 31-35.

BARTOMEUS, Antoni (1980). «Una política teatral per a la Generalitat». *L'Hora*, núm. 49 (18-11), pàg. 39.

BOADA I MORET, Francesc (1976). «Teatre català, pocs i mal avinguts». *Serra d'Or*, núm. 201 (juny), pàg. 37.

BURGUET ARDIACA, Francesc (1989). «Albert Boadella, la rehòstia!». *Escena*, núm. 4 (desembre), pàg. 4-7.

COL·LECTIU DE DIRECTORS (Anguera, Joan i altres) (1984). «A manera de manifest». *Estudis Escènics*, núm. 25 (juny), pàg. 147-156.

MELENDRES, Jaume (1993-1994). «Sobre ofertes i demandes». *Escena*, núm. 7 (desembre-gener), separata núm. 1.

MELENDRES, Jaume (1995). «La dona de Lot. Apunts per a un retrat de l'espectador teatral». *Pausa*, núm. 18 (març), pàg. 47-55.

MESALLES, Jordi (1979). «La guerra de los teatros». *El Viejo Topo*, núm. 38 (novembre), pàg. 69-71.

MOLINS, Manuel (2003). «El teatre independent a València. Un relat». *Assaig de Teatre*, núm. 37 (juny), pàg. 65-80.

NOGUERO, Joaquim (2000). «Espais teatrals, espai escènic, l'espai del teatre». *Serra d'Or*, núm. 481 (gener), pàg. 57-61.

Resistència i riurecràcia
(per Galileu i Sísif)

Manuel Molins*

Emocions, sentiments i liquidacions

L es paraules naixen, creixen o amplien el seu significat, cauen en desús o moren. Totes, però, són carn de diccionari, dels grans panteons acadèmics i de les edicions crítiques per comprendre textos i autors del passat que alguns fins i tot voldrien també ben passats encara que la seua força supere molts dels autors de moda en un moment donat. Amb tot, les paraules rebroten com

---

* Manuel Molins (Alfara del Patriarca, l'Horta, 1946), dramaturg i professor, va ser fundador i director del Grup 49 de teatre independent. De dilatada trajectòria, entre els seus darrers textos publicats destaquen: *Trilogia d'exilis* (1999), *Abú Magrib* (2000), *Paraules en carn viva* (2002), *Elisa* (2003), *Una altra Ofèlia* (2003), *El ball dels llenguados* (2006) i *La divina tramoia* (2006).

47

les arrels en primavera i sovint es neguen a una manipulació anunciada. I també sovint, en un joc sempre renovat, se n'inventen de noves: «Sorgeixen de vegades entre rialles / I semblen vil·lans en l'aire. / Mira com van cap al cel, / Com està nevant cap amunt», segons la descripció que en fa Bernardo Atxaga en el poema que obri la seua novel·la *El fill de l'acordionista*.

«Nevar cap amunt»: invertir, deturar, capgirar el procés degradatori. Que les paraules pugen cap als núvols perquè, com pluja benefactora, retornen després als jocs de la terra. I així cel i terra, rialla i núvol, treballen solidàriament per mantenir la saba secreta dels mots.

Potser el propòsit dels coordinadors d'aquest volum, en proposar-me aquesta participació, ha estat tractar de recuperar i tornar a fer brillar, en la mesura de les meues possibilitats, paraules i expressions com resistir i resistència cultural o teatral. Uns conceptes que com *revolució* han esdevingut espectres patètics de si mateixos en la fira mediàtica i consumista que ens assetja per totes bandes. Ho deia el sociòleg Salvador Giner: «La revolució està de moda. Heus aquí el problema.» Problema perquè de ser «una cosa seriosa», la revolució ha esdevingut un eslògan banal mitjançant «la universalització retòrica [...] com a mètode per acabar amb tota possibilitat real» de transformació. «Per triomfar en aquest món sense posar-lo en perill el millor, sens dubte, és ser trencador, transgressor i revolucionari.» I provocador, desconstructiu, minimalista i fragmentarista subvencionat, afegirem nosaltres. «Així vostè serà l'enemic més eficaç de la ruptura, la transgressió i la revolució. "Rebel·lar-se ven" [...] . Rebel·li's i vengui. Rebel·li's i mantingui el que hi ha. El rupturisme es porta» (*El Periódico de Catalunya*, 28-VIII-2005).

El «rupturisme» i també l'emocionisme sense sentiments (Lacroix, 2005), on el que interessa és el xoc emotiu en tots els àmbits de la vida; l'impacte i l'explosió emocional amb valor immediat per sobre del sentiment durador i movilitzador a llarg termini. És la cultura de sentir a qualsevol preu, de l'onanisme emocional i l'individualisme narcisista que acaba omplint el suposat buit de projectes col·lectius i el desert ideològic dominant. O dit d'una altra manera, el món «líquid» (Bauman, 2000) en què vivim, el qual genera un «amor líquid» (Bauman, 2005a) i una «identitat» igualment fràgil i/o perillosa (Bauman, 2005b). Per això, la provocació es cotitza a l'alça en els festivals oficials, oficialistes i internacionals: provoca excitacions i miratges que complauen els organitzadors i el gran públic. Què més es pot demanar?

Però Giner considera, encara, que tota aquesta tergiversació (amb l'emocionisme i la liqüefacció-liquidació) calia esperar-la venint dels *media* i la publicitat; no de «la classe intel·lectual tan crítica i esquerrenosa com s'imagina a si mateixa. Però heus aquí que una part d'aquesta abraça el revolucionarisme retòric» (*El Periódico de Catalunya*, 28-VIII-2005). I s'apunta feliç, cal afegir-hi, al ball de les emocions de xoc perquè potser aquesta «imaginació tan esquerranosa» no és res més que una altra emoció narcisista, un nou impacte onanista de descàrrega immediata que els deixa uns bons diners i no l'assumpció «sentimental» (Lacroix *dixit*) d'una estratègia resistent enfront de la fal·làcia del buit ideològic i la manca de projectes col·lectius engrescadors. De fet, la dreta no ha cessat de vendre'ns i imposar-nos per tots els mitjans els seus projectes neoliberals i neocoms, mercantils, militars i guerrers, unipolars i neoimperials: no hi ha cap buit ideològic ni manca d'urgències col·lectives, sinó de reflexió i coratge per oposar alternatives raonables i resistents a mitjà i llarg termini a les embranzides dretanes. Fins i tot el catolicisme oficial, amb el papa Joan Pau II i el seu llegat al capdamunt, practiquen una religió de gran impacte i sotrac populars. Les parròquies cada vegada estan més buides, però a Roma hi va acudir una gran gentada a veure l'enterrament del papa polonès i milions de persones el van seguir a través dels mitjans de comunicació, ja que es tracta, com ha escrit Josep M. Espinàs, «d'un papa d'idees tradicionalistes que creia en l'eina de la televisió» (*El Periódico de Catalunya*, 10-IV-2005). Aquesta és la clau del poder i la gran estratègia de la dreta, de l'Opus Dei a Berlusconi passant per la COPE, controlar els mitjans i, en conseqüència, controlar el pensament i el desig de les masses. No importa que la gent no vaja a missa ni fins i tot un resultat electoral advers. Ja sabem que una flor no fa estiu i es tracta de quedar-se amb el roser i l'estiu sencers.

Resistència i resistents

Cal aclarir, però, què entenem per resistència cultural o teatre resistent. Es tracta de retornar a una retòrica del passat en el sentit de «resistència a la dictadura franquista», on sembla que hi haja hagut milers i milers de resistents, cosa que si hagués estat certa el dictador no hauria durat ni tres anys i en va durar quaranta? De la resistència partidista, corretja de transmissió d'ideologies respectables però constrenyedores de l'acció a certes tàctiques precises? D'una resistència emmirallada en si mateixa que, sota la justa aspiració al manteniment dels propis trets culturals irrenunciables, es nega a vegades a l'obertura i fins i tot a l'assimilació necessària de trets d'altres cultures en un món plural? O ens referim a un model de resistència lliure, creatiu i obert al futur des de la nostra realitat més viva, crítica i punyent? Una resistència fins i tot a certes formes de suposada resistència indígena i de qüestionament dels poders fàctics, grups o *lobbies* de pressió cultural que es resisteixen a abandonar i/o compartir algunes parcel·les de poder ja siga mediàtic, de promoció o econòmic a través de subvencions i altres formes d'ingressar diners de tots, d'ocupar i controlar les programacions de teatres i institucions públiques, programes de suposades investigacions que sempre tracten els mateixos temes i realitzen els mateixos savis...

El terme «resistència» presenta una notable pluralitat de matisos d'ús que el fan especialment inaprehensible i movedís. Però el diccionari de l'IEC només en recull sis accepcions que podem agrupar en dos àmbits, un de científic i un altre d'humanístic. Així, la descripció general de resistència com «acció de resistir o de resistir-se» es concreta en el camp de la física com «oposició que presenta un cos a ésser travessat per un corrent elèctric, fet que converteix l'energia elèctrica en calor». O siga, que aquesta mena de resistència és alhora una força transformadora ja que genera una nova realitat en forma de calor i llum. Quant a la vessant més humanística, cal remarcar el sentit de la paraula com a «capacitat d'un individu per a tolerar els efectes de certs agents nocius, tòxics, patògens, etc.» i com a «oposició a les forces invasores d'una potència estrangera o bé al poder establert en el propi quan esdevé totalitari i injust». Retinguem, doncs, tres aspectes bàsics d'aquestes definicions: la resistència com a capacitat de transformació energètica, com a sistema immunològic saludable contra els atacs patògens i com a oposició contra la injustícia.

Així configurada, la resistència no és només ni fonamentalment assumpte del passat, de batalletes hímniques, posem per cas, contra el franquisme per part d'un sector que potser s'autoconcedeix unes medalles que mai no va meréixer. Ni és tampoc un instrument tàctic o consigna de partit, ni un emmirallament clos i narcisista que, a vegades, limita amb la xenofòbia o amb un complex d'inferioritat perillós. Parlar de resistència, per contra, esdevé una forma d'aprofundir en la llibertat del present, tractar de millorar la qualitat democràtica del nostre dia a dia i obrir-nos a un futur més ple i solidari. No és per casualitat que la resistència iraquiana s'haja transformat en «insurgència». L'operació mediàtica no és fútil ni innocent. De fet, com es pot comprovar consultant hemeroteques, al principi tots els diaris i fins i tot la CNN la qualificaven de resistència. Però algun assessor degué considerar que el mot era perillós ja que, d'una banda, evocava la resistència contra el nazisme portada a cap per milers de demòcrates i que l'imaginari col·lectiu occidental conserva encara amb orgull i solvència; i, per altra, potser algú podria trobar en la vella paraula aspectes recuperables per al present més enllà de les paròdies que certs periodistes «progres» solen fer d'aquest mot i d'altres com «utopia». Per això, la justa resistència davant una agressió forània feta des de la mentida i la prepotència contra l'ordre internacional, esdevenia «insurgència». En conseqüència, els iraquians no es defensen de cap atac injust, sinó que s'alcen contra les forces democràtiques que volen alliberar-los de tots els mals. Era una operació barroera i mistificadora, però el llenguatge, com la realitat, és tossut i sovint «neva cap amunt» com en el poema d'Atxaga i per més tones de paper que hi posen o més hores d'emissió que hi dediquen no podran ocultar el veritable sentit de la paraula.

———

El *somriure* de Galileu

La història de la retractació de Galileu davant la Inquisició és de sobres coneguda. Segons la interpretació que en va fer Bertolt Brecht en la seua magnífica obra *Galileu Galilei*, corria el mes de juny de 1633 i un grup de deixebles i seguidors del científic esperaven la notícia de la resistència del mestre contra el poder eclesiàstic. El més entusiasta i convençut era el jove Andrea Sarti, que s'havia format i crescut al seu costat, per al qual els inquisidors estaven «assassinant la veritat», cosa que Galileu no podia acceptar perquè «no n'hi ha prou amb la força» i «l'home no tem la mort». Mogut també pel mateix entusiasme, un altre deixeble, Federzoni, exclama: «Avui comença realment l'era de la ciència. Aquest és el moment de la seva naixença. Imagineu-vos, si arriba a retractar-se» (Brecht, 1984: 147-148). Però Galileu es retracta malgrat la solemnitat i transcendència exemplar del moment. Això provoca el desconcert, l'escàndol i la dispersió dels deixebles i, en particular, del jove Andrea que el considera un traïdor i un poruc enganxat a les passions del seu ventre. I, en efecte, Galileu, claudicant de les seues tesis científiques conegudes de tothom, es mostra com un autèntic «vividor»: amant de la bona taula, el vi i els capvespres suaus de la Toscana.

Però en una altra escena memorable, Brecht ens dóna la clau de tot plegat. Han passat els anys. Andrea, que marxa a Holanda, visita el mestre ja quasi cec i li porta un parell d'oques. Un frare vigilant en desconfia i les inspecciona perquè «és un gat vell» (Brecht, 1984: 152). I, en efecte: Galileu ha aconseguit burlar totes les vigilàncies i ha fet una còpia dels «Discursos referents a dues noves branques de la ciència: la mecànica i l'estudi de la gravitació universal». Andrea Sarti torna a quedar ben sorprés de l'actitud del mestre i n'aventura, entusiasmat, una nova interpretació: «I pensàvem que havíeu desertat! La meva veu és la que ha cridat més contra vós!» Però «amagàveu la veritat. L'amagàveu de l'enemic. Fins i tot en el terreny de l'ètica ens porteu cent anys d'avantatge», li reconeix amb un deix de noblesa l'antic deixeble, perquè si un home sol no pot fer res, un home mort molt menys encara. Per això Galileu, malgrat haver-se «retractat», continua treballant: la seua obra anterior, a pesar de les prohibicions i retractacions ja era coneguda, i ara calia construir la nova obra encara que fos d'amagat. «Nova ciència, nova ètica», aquesta sembla que és la nova consigna ja que: «Vós sempre us heu rigut dels herois» (Brecht, 1984: 160-161). Però Galileu tampoc no compartirà el nou rampell d'entusiasme d'Andrea perquè la seua lucidesa extrema el fa dubtar si no hauria estat millor donar el gran testimoni de la mort, ja que ell tenia la força de la ciència i dels seus seguidors per oposar-la a la de la Inquisició. És una autocrítica implacable a la qual el mateix Andrea respon: «Pel que fa a la vostra valoració [...] no puc pensar que la vostra despietada anàlisi sigui l'última paraula» (Brecht, 1984: 165). I no ho és: allò que queda és el somriure de Galileu; un somriure que va enllà del personatge dramàtic i de les justificacions finals més o menys políticament correctes com si es tractés de la confessió d'un individualista dissident davant un tribunal stalinista. Però sense perdre mai la ironia.

Així, el *Galileu Galilei* de Brecht ens presenta dos tipus de resistents: el *resistent emprenyat* personificat pel deixeble Andrea Sarti i el *resistent productiu* que representa la figura contradictòria i paradoxal, viva i vital, de Galileu. El *resistent emprenyat* s'alça contra tot i contra tots, busca màrtirs, es considera en possessió de la veritat i la vol imposar *urbi et orbe*; es deprimeix i s'exalta davant d'allò que considera covardia i busca explicacions per a la conducta humana d'una racionalitat prima i primària. El *resistent productiu* dubta, analitza les circumstàncies i busca estratègies noves, no té inconvenient a semblar traïdor o claudicant; però observa, es distancia i somriu. No perd mai la lucidesa ni es creu superior a res ni a ningú: en un acte de profunda humilitat intel·lectual i afectiva continua produint perquè sap que la regla d'or de la resistència cultural no és esperar o exigir més subvencions, ajudes o reconeixements sinó produir més i millor, amb més obertura i assumpció de riscos per explorar nous aspectes de la realitat interior i exterior. I aquesta regla d'or es basa en el fet que, com diu un personatge de Sándor Márai, «per al petitburgès la cultura no és una experiència, sinó un conjunt de conceptes», mentre que «per a un artista (o un científic) la cultura és la vivència» (2005: 156 157). I de fet, per a Galileu, la investigació és la vida: una vivència tan profunda que justifica la deserció aparent perquè va molt més enllà d'ell mateix com a individu i, en negar-se l'heroisme de la mort inquisitorial per un suposat egoisme i covardia, treballa pels interessos generals i esdevé l'*heroi honest* que el mateix Márai ens presenta en una altra novel·la: honest i valent perquè és capaç d'assumir les seues febleses: «Cal que ens resignem davant la pròpia debilitat, acceptar que necessitem un narcòtic (el tabac, per exemple) i pagar-ne les conseqüències. D'aquesta manera, tot és més senzill. Quan dic això, llavors em repliquen: "No ets un heroi." I jo contesto: "Segurament no sóc un heroi, però tampoc no sóc un covard, perquè almenys tinc el valor de viure les meves passions"» (1999: 182). I Galileu accepta que li agrada la bona taula, el bon vi, les bones oques i la investigació constant i rigorosa.

L'actitud del Galileu brechtià no s'ha d'entendre com una justificació de certa estratègia dels partits comunistes, com ha dit algú, adoptant una moral possibilista per penetrar i resistir des de dins dels sistemes democràtics occidentals. No; històricament, aquesta mena d'infiltrats presentaven moltes de les característiques del *resistent emprenyat* que volia salvar-nos fins i tot de nosaltres mateixos i del nostre dret a l'error davant del gran projecte històric de l'avenç definitiu, inevitable i inapel·lable, a la seua visió del socialisme. Aquest Galileu no vol salvar-nos de res ni de ningú perquè sap que, «quan sóc feble, és que sóc fort» (Brecht, 1984: 153). Al capdavall, és un humorista i tracta de viure no d'acord amb les regles d'una suposada democràcia, sinó en una autèntica riurecràcia.

Sísif, resistent complex

Com es pot deduir fàcilment, la resistència de *l'heroi honest* i la *riurecràcia* és una resistència que se sap i es vol utòpica, malgrat que la utopia no gaudesca tampoc de cap mena de prestigi entre la «classe intel·lectual esquerranosa»; sinó que sovint és burlada i repudiada per ingènua i caduca. Curiosament, però, el pensament científic, com ha demostrat Wagensberg, és necessàriament utòpic, ja que la part de l'home que evoluciona «exige utopías cada vez más complejas. Así ocurre de hecho en ciencia, donde los científicos trabajan incluso con entusiamo por ideas que saben están destinadas a envejecer» (2003: 147-148). Aquesta utopia, però, no és la utopia amb majúscules pròpia dels *resistents emprenyats,* que se situa fora de la història i del mecanisme de la complexitat i, en conseqüència, s'autocondemna al fracàs com de fet ha passat en totes les utopies majúscules del Renaixement ençà. Això ha generat el desencant i la mofa dels *resistents emprenyats* incapaços d'anar més enllà de la seua exclusiva veritat. Però la utopia científica necessària se sap inevitablement provisional, per més que els coste d'entendre als representants del pensament emprenyat, ja que tot sistema viu reclama un element utòpic per «tensar el futuro en el presente» (Wagensberg, 2003: 141) d'acord amb la realitat de la complexitat. Una complexitat el model de la qual es mou entre dos grans moments: un primer moment d'Adaptació i un altre d'Autoorganització o Catàstrofe: «La adaptación representa la componente rutinaria y previsible, y la autoorganización la componente novedosa.» Així, l'Adaptació és el moment en què un sistema es troba en una estabilitat relativa d'acord amb les solucions i estratègies de què s'ha dotat. Però aquesta situació no és immutable, apareixen noves preguntes i cal contestar-les: és el moment d'Autoorganització o Catàstrofe seguint un esquema d'entropia positiva. És a dir, es produeix la inhabilitació de l'Adaptació dominant i la recerca d'una nova estabilitat relativa. Per això, «no hay trauma en funcionar con fe por una idea buena que puede dejar de serlo en otro punto de la historia, es suficiente con que lo sea dentro de un período adaptativo» (Wagensberg, 2003: 147). En definitiva: «¿Por qué es imposible funcionar en honor de una utopía que no enarbole valores eternos y definitivos? Interesa que nuestra lucidez no llegue a privarnos de nuestro derecho a soñar, pero conviene al mismo tiempo que sea suficiente para despertar

---

57

si descubrimos que caemos en el vacío» (Wagensberg, 2003: 151).

Lucidesa / Somni, Adaptació / Autoorganització, Estabilitat / Catàstrofe, utopia i recerca de noves estratègies, heus ací els moments no contradictoris en què es desenvolupen els sistemes complexos. La complexitat ha esborrat la visió simplista de les dualitats irreconciliables, ànima / cos, esperit / matèria, inconscient / conscient, ètica / política, eix del bé / eix del mal..., en què encara s'entesten a viure alguns, tot imposant-la a la resta. La complexitat planteja un jo plural per a un món plural. Un jo que no s'autoimagine ni reconega ja en el vell model dogmàtic ni en la ingènua representació del Dr. Jekyll / Mr. Hyde que han amarat la modernitat dominant. «Nova ciència, nova ètica», comenta el Galileu brechtià; i també nous imaginaris i noves lectures del ric patrimoni que ens configura. D'aquesta manera, Sísif se'ns hi apareix com un possible model de *resistent complex*. Això és, de resistent que assumeix les característiques bàsiques de la complexitat dels sistemes.

Segons alguns mitògrafs, Sísif és «el més astut dels mortals i el menys escrupolós» (Grimal, 1981: 485). Pare d'Ulisses, el mite contempla quatre relats o episodis, el més conegut dels quals és aquell en què Sísif revela al riu Asopo que Zeus ha estat el raptor de la seua filla Egina a condició que faça brollar una font a la ciutadella de Corint, la seua ciutat. I així ocorre: el riu, agraït per la informació, fa córrer una font abundosa i, gràcies a Sísif, la ciutat es proveeix d'aigua per sempre més. Però el déu burlat es revenja castigant l'heroi a pujar i baixar una roca eternament de manera que, a penes arriba al cim, la pedra torna a caure impel·lida pel seu propi pes, i Sísif ha de recomençar el procés. Així, pujar i baixar, adaptació i autoorganització; estabilitat i catàstrofe marquen l'eternitat de Sísif com a representant simbòlic del destí dels humans.

Albert Camus hi va veure, en Sísif, «l'heroi absurd», model del seu pensament existencialista, perquè el personatge mític era plenament conscient de la situació en què es trobava i no «hi ha destí advers que no se supere mitjançant el menyspreu» (Camus, 1999: 158). En conseqüència, el Sísif camusià exhibeix una actitud arrogant i aristocràtica, fins i tot displicent davant la vida absurda i sense sentit que ens toca viure «perquè la lluita per arribar als cims és suficient per abastar el cor d'un home» i per això «cal imaginar-se Sísif feliç» (Camus, 1999: 160). Desesperadament feliç.

Ara, però, a partir dels nous coneixements sobre la complexitat podem endevinar que la possible felicitat de Sísif no rau en el fet d'aquesta actitud camusiana. Sísif ja no és l'heroi absurd, lleument melodramàtic i que troba la felicitat en la rebel·lió enfront dels déus acceptant un univers sense sentit. El nostre Sísif, *resistent complex*, que ha aconseguit l'aigua vital per al desenvolupament de la ciutat, sap que la vida es realitza i progressa entre l'adaptació i la catàstrofe (autoorganització): carrega amb la pedra, la puja i la baixa, feliç, perquè així fa avançar, renova i millora la seua ciutat i la nostra. No pateix cap angoixa vital ni cap destí absurd, ja que n'és ben conscient, que quan s'obté una resposta tot seguit comença una nova pregunta i que, a penes aconseguida una certa estabilitat, s'enceta una nova utopia. És un Sísif «científic» que ha comprés els mecanismes bàsics de la complexitat que el configura i l'envolta. I és, així mateix, un Sísif artista que no espera que li resolguen la vida, sinó que busca i indaga sense instal·lar-se mai en cap mena d'adulació, reconeixement o menyspreu. És l'altra cara del *resistent productiu.* I, en conseqüència, l'altra rialla de l'humorista tenaç.

Del compromís a la complaença

És evident que el teatre en la nostra llengua, ja siga en les variants del Principat, del País Valencià, les Illes o de qualsevol altre indret, ha hagut de resistir tenaçment durant la major part de la seua història. I encara ha de resistir malgrat alguns avenços i conquestes, així com a pesar de certes actituds, grupets de poder i ideologies que pregonen que ens trobem en la millor de les dramatúrgies imaginables i que cal fer taula rasa de tot l'anterior i començar la història a partir del moment que més i millor els convé, abandonant tota consideració de la resistència com un criteri rovellat i adherit a un món caduc: són gent capaç de burlar-se encara de l'esforç de Sísif per continuar il·luminant la realitat complexa i a qui el protagonista del mite no faria el mínim cas. I el mateix Galileu se'ls miraria burleta mentre continuava menjant-se un bocí d'oca o una mica de fetge rostit amb una poma i una ceba regat amb un bon vi (Brecht, 1984: 152).

Malgrat que la col·lecció d'assaig Argumenta té el marc cronològic de referència en la trentena que va del 1975 al 2005, potser fóra millor variar-ne una mica les dates a l'hora de considerar l'evolució de les arts escèniques, o del teatre en concret, resituant-les entre 1970-2001. 1970 també és, d'entrada, una data simbòlica com el 1975, ja que, segons el criteri de Graells i Pi de Cabanyes, dóna pas a una nova generació: la generació literària dels 70. No sóc gens partidari del mètode de les generacions i pense, a més, que cada vegada les suposades generacions creixen més que els bolets. Però, malgrat tot, considere que cal retenir la data de 1970 com a significativa, si més no perquè és també aleshores que podem considerar l'inici conscient del teatre independent al País Valencià. A més, el 1971 es produeix l'estrena d'*El retaule del flautista*, de Jordi Teixidor, amb un «èxit sense precedents» en una iniciativa empresarial privada que «possibilita l'accés dels autors joves a un públic més ampli, i dinamitza, alhora, l'estancat panorama de l'escena comercial» (Fàbregas, 1972: 300). També a les Illes apareixen nous autors i companyies amb el propòsit clar d'engegar un teatre en català amb projecció de futur professional.

Quant a la preferència del 2001 sobre el 2005, és perquè em sembla que el fets de l'11-s, amb la cadena de conseqüències i altres efectes que comporta (guerra de l'Afganistan, invasió il·legal d'Iraq, menyspreu de l'ordre internacional, 11-m, pèrdua del pujolisme, victòria electoral del PSOE, etcètera), suposen un veritable tomb, un moment d'Autoorganització o Castàstrofe Global, que qüestiona, si no liquida, el teatre dominant durant els darrers setze anys aproximadament (1985-2001), malgrat la resistència d'alguns a perdre el predomini en les cartelleres públiques o altres plataformes de poder, visualització i reconeixement.

El període que abasta del 1970 al 1985 més o menys vindria caracteritzat de manera remarcable pel pas del compromís i l'esperança al desencant. Es tracta d'un compromís amb les classes populars i contra el tardofranquisme putrefacte per preparar l'adveniment de la democràcia. Abunden els pamflets teatrals, gènere tan noble com qualsevol altre, és clar, amb una intenció pedagògica, que recullen i projecten les aspiracions de llibertat de bona part de la societat. També es practica la paràbola a la manera de Buero Vallejo i un brechtisme més a prop de les obres didàctiques que dels grans textos del dramaturg alemany; hi ha històries simbòliques de dictadors i personatges autoritaris que troben les complicitats satisfetes del públic, més l'exploració del còmic o la ciència-ficció amb un missatge semblant, però sense tanta capacitat de connexió popular com en *El retaule del flautista*. Amb tot, hi predomina també la figura del *resistent emprenyat*, ja que en molts dels casos aquest *compromís* no és més que la corretja de transmissió d'ideologies polítiques en funció de les consignes d'uns partits que es volen imposar de manera autoritària i simplista. En conseqüència, es tolera malament la dissidència estètica i se l'acusa de petitburgesa o d'altres perles menys reportables: a diferència de grups anteriors, on predomina la figura del *resistent constructiu* i on hi ha *humoristes* de primera magnitud com Fuster, Estellés, Brossa, etcètera, els *resistents emprenyats* es proposen a si mateixos com a salvadors del futur amb una seriositat que encara fa feredat.

Com jo mateix he descrit en altres papers, la situació al País Valencià no es corresponia mecànicament amb el que passava a la resta de l'estat, ja fóra Madrid o Barcelona. Entre els valencians, també hi havia grups amb una missió fonamentalment política, que menyspreaven les qüestions estètiques o lingüístiques en nom de les «classes populars» i la «classe obrera», subjecte abstracte de la història en progrés indefectible cap al socialisme abrandat i jacobí, tot oblidant, per exemple, que la immensa majoria de les classes populars reals parlava valencià i havia patit una llarga repressió lingüística i cultural, a més de política i social. Enfront d'aquests, hi havia els intents dels grups més significatius i de trajectòria més sòlida per aconseguir una estètica pròpia a partir de la nostra realitat: «Les discussions entre els uns i els altres són fàcilment imaginables: activistes revolucionaris contra estetes, internacionalistes que només parlaven castellà contra nacionalistes que parlàvem castellà i català, populistes que no veien teatre contra gent de teatre que intentàvem viatjar al màxim possible per veure teatre allà on es produís amb una mínima dignitat, ja fóra Barcelona, Madrid, Anglaterra, Alemanya, París o Avinyó. L'època era així d'ingènua i d'apassionada, però al final una cosa va quedar ben clara: els "antifranquistes" es van desinflar amb la mort del dictador i els altres vam continuar intentant bastir un teatre nostre, per als nostres públics i en la nostra llengua» (Molins, 2003a: 70). Cal dir, però, que tots ho eren, d'antifranquistes reals, tret d'algun confident policial que es va infiltrar en algun d'aquells grups tan *rebels* i *subversius*. Ho vam descobrir casualment, que és com solen trobar-se moltes de les coses importants.

Com era previsible, amb la instauració de la tan esperada democràcia, que va resultar prou més barjaula del que s'imaginaven, el triomf del PSOE i el llarg predomini de CiU, la situació canvia inevitablement i s'inicia, d'una banda, el desencant, i d'una altra, un període (1985-2001) on predomina la complaença, l'autoemmirallament i el rebuig de tot l'anterior de la postguerra ençà. Un rebuig a vegades perfectament planificat i promocionat amb la construcció de certes figures que en alguns casos presenten una entitat ben sòlida i en altres no. Es tracta de fer un teatre desideologitzat, amb una llengua magra i incolora, a l'altura del temps de la mort de les ideologies com si aquest propòsit no fóra en si mateix tot un programa ideològic; un teatre de no compromís ni utòpic ni resistent perquè ja s'ha entrat en el camí de la normalitat democràtica i lingüística, sinó d'adhesió a certs lideratges polítics i a les imatges que projecten però això sí, un teatre *revolucionari, rebel, rupturista, desconstructiu, minimalista, fragmentarista*... Un teatre, o bé *altament europeu* (Poliorama, TNC, la Nau de Sagunt, etcètera), o bé de *recerca formal* ràpidament assumida i estintolada per les institucions. Una *recerca* que sovint no va més enllà de l'aplicació de certes habilitats dramatúrgiques adquirides en cursos i cursets el resultat global de les quals, tret d'algunes notables excepcions, és un text correctament escrit i poca cosa més. Aquesta operació de sanejament o liquidació de tot l'anterior es fa també amb una llengua ben magra invocant, per exemple, referents com Pinter o Beckett. Però s'hi oblida que la frase pinteriana, amb les seues pauses i silencis, és un artefacte implosiu que, en qualsevol moment, pot explotar-nos en la boca, tot projectant un món ben definit ideològicament per una posició mordaç i clarament d'esquerres. Si hi havia cap dubte, el seu discurs d'acceptació del Nobel de Literatura 2005 ho ha deixat més que transparent. Per contra, la majoria de les frases curtes d'aquests *rebels* i el seu dialoguisme no va més enllà de la pura informació restrenyida. Es tracta, doncs, d'una operació de buidatge que s'estén també al mateix Beckett. Però l'univers beckettià és un caos entròpic inassimilable, un dissolvent indissoluble contra el poder i l'experiment *bien fait*, mentre que molts d'aquests *rupturistes* viuen i creixen quasi exclusivament a l'ombra del poder institucional a través de diverses estratègies i mitjans: són els *revolucionaris* complaents, la capacitat crítica dels quals es dissol com el sucre en el café o la sal en un guisat d'El Bulli.

Al País Valencià no hi ha hagut vint-i-tres anys de pujolisme i les coses han tingut una configuració diferent. La creació del

CDGV estabilitza un cert model de teatre públic, no sense dubtes ni incoherències. Però, al principi dels noranta, es promociona també una nova «generació» de dramaturgs des de certes instàncies «crítiques» a imitació del que succeïa a Barcelona o Madrid. La *ruptura* amb l'anterior no és tan forta perquè potser la suposada «generació» és, més aviat, una amalgama de gents i edats diverses, amb estètiques, preocupacions i objectius ben diferents, si no clarament oposats entre si. I els models a seguir es diversifiquen en unes poques opcions bàsiques: rejovenir certes línies encetades en els setanta (neosainet, traduccions...), emmirallar-se en alguns dramaturgs exitosos del Principat o seguir la petja d'alguns autors i produccions madrilenys. Amb tot, el teatre en el català de València és el que en surt més mal parat. I, molt especialment, des de l'arribada a la majoria absoluta del PP. Però els arguments amb què se sol justificar aquest dèficit més que evident no són solament polítics, sinó de mercat professional. En paraules de Biel Sansano: «Mentre que els escriptors escriuen les seues obres –quan les escriuen– en català, les companyies en les quals participen alguns d'aquests escriptors representen el text dramàtic en una o altra llengua (espanyol / català) en funció de la contractació que sovint depén d'una institució pública, de la ideologia d'un programador cultural o del seu regidor de cultura. [...] Així, cal concloure que, si en la dècada dels setantes, el teatre era un element més de valencianització, en la dels noranta, ha esdevingut una altra manera de castellanització. Són les lleis del mercat, diuen, gens desinteressadament, alguns» (Sansano, 2002: 245).

El tema lingüístic em sembla especialment significatiu. No es tracta d'oposar-nos estúpidament o de negar la pràctica real d'un cert *bilingüisme*, malgrat que en la major part dels casos això tracte d'amagar una minorització evident o un conflicte lingüístic que no es vol resoldre. Però, fins i tot si ens posem en la millor de les disposicions políticament correctes, la migradesa lingüística de bona part dels textos, ja siga per opció estètica o per estratègia comercial, revela una feblesa i/o un tacticisme preocupant si volem aconseguir una normalitat eficaç i plural. No s'acaba d'entendre, per exemple, com és possible que el Festival Grec de Barcelona ens porte espectacles de nou hores en polonès de Polònia o de més de tres hores en anglès d'Anglaterra i un espectacle en català, ja siga de Barcelona, València o les Illes, haja de tenir una duració quasi màxima de noranta minuts i, encara, en un registre no gaire ambiciós. Potser té raó J. M. Terricabras quan en el seu discurs de proclamació del XXXIV Premi d'Honor de les Lletres Catalanes (11-VI-2002) va dir: «La llengua ens dóna poder i el poder que vulguem donar a la llengua expressarà quin poder i quina sobirania volem per al nostre poble.»

L'any 2001 marca una inflexió o conclusió evident de tot aquest procés, de manera que des del mateix Hollywood comencen a sentir-se algunes veus crítiques reivindicant un nou *compromís constructiu* (G. Clooney, per exemple, amb la pel·lícula *Good night, and good luck*). Un compromís no vinculat a cap tàctica política partidista, sinó nascut de la *resistència constructiva i complexa* amb uns valors els més «sòlids» i «sentimentals» possibles contra tanta liquació-liquidació en trànsit a un món gasós i tant d'emocionisme de xoc. Una *resistència constructiva i complexa* per preservar la pluralitat inevitable que ens funda i denunciar totes les corrupteles d'una democràcia global autoritària i amb dèficits interessats més que notables. Una *resistència cons-*

tructiva i complexa per instaurar una *riurecràcia* tal com Galileu i Sísif ens ensenyen. Són exigències de la nova utopia minúscula i dels públics fatigats de tant de formalisme buit o de risc calculat i fred. Es tracta d'intentar assumir els reptes ètics i estètics del món que ens ha caigut al damunt per crear una veritable avantguarda resistent. Quants d'aquests dramaturgs *rupturistes* i quanta d'aquesta gent *rebel* de l'espectacle i la cultura seran capaços de superar les habilitats complaents i mostrar-nos un món personal sòlid i a l'altura de l'actual moment d'Autoorganització catastròfica? Quants de nosaltres, siga quina siga la nostra edat, sexe o condició, ens comprometrem de veritat, pacientment, esforçadament i *humorísticament*, en la construcció d'una cultura oberta i arrelada a la nostra realitat sense tacticismes ni rebel·lies interessades? El futur, que és ara mateix, ens ho dirà.

Lectures resistents sota l'arena

En *El Público* de García Lorca es fa una divisió entre el *teatre sobre l'arena* i el *teatre sota l'arena*. El primer és un teatre convencional, potser inevitable i necessari, però adequat a les expectatives i exigències d'un públic burgès i petitburgès que considera les activitats artístiques com a manifestacions socials on lluir roba, poder, pedanteria o enginy. Un públic clarament reticent a prendre l'art com a compromís i vivència íntims. Per contra, el *teatre sota l'arena* és com un riu secret, una mena de mar invisible i vivificant que banya tots aquells, públics i creatius, que tenen l'aspiració d'esdevenir poetes en la festa compartida de la creació d'un món divers i diferent. El *teatre sobre l'arena* actua de dalt

---

67

cap avall i és el teatre de la programació política i empresarial interessada, mentre que el *teatre sota l'arena* va de baix cap amunt i és el teatre dels qui, sense exhibicionismes imbècils, tracten de fer-se a si mateixos i en col·lectivitat com a membres crítics i exigents. El *teatre sobre l'arena* ens mostra i planifica el que li convé al poder o al negoci, i el *teatre sota l'arena* tracta d'obrir noves portes i camins en l'expressió i reconeixement del sentiment, l'ètica i la sensibilitat. Això no obstant, la contraposició no pot ser absoluta, malgrat que en els darrers anys s'ha imposat sobretot el *teatre sobre l'arena* i gairebé s'ha negat, amb diferents estratègies, la possibilitat real d'un teatre subterrani.

Portem ja més de tres dècades sota l'eslògan «el teatre és PER A representar». O siga, que se li atorga al teatre una finalitat quasi exclusivament externa, un *télos* i una *forma*, en sentit aristotèlic, sense la qual el teatre no és, o és d'una manera frustrada, incompleta i en el millor dels casos virtual. I això es fa passar per un pensament progressista i avançat quan, com vaig mostrar en un altre lloc (Molins, 2003b), tot i contenir una part de veritat, manté encara una gran quantitat de deixalles del pensament escolàstic tradicionalista: el teatre no és PER A representar sinó representable, com una dona no és PER A ser mare sinó que pot ser-ho si així ho decideix, però el fet que decidesca no ser-ho no significa que siga una dona frustrada, incompleta o virtual.

No insistiré en aquesta perversió que encara impera en diversos fòrums i entre nombrosa gent. Ara, però, el que voldria evidenciar és una de les pitjors conseqüències d'aquest eslògan tan *rupturista*: el text teatral ha esdevingut un text marginal fins i tot en els programes escolars, una lectura pràcticament ignorada i per a minories molt reduïdes, quasi especialistes, o conreadors de vicis vells i arrelats com el tabac per al personatge de Márai o el bon menjar per a Galileu. Allò que realment interessa és anar a veure els espectacles programats, ja siga a les sales públiques, ja siga a les privades, la qual cosa se'ns presenta com la més vàlida, progressista i pedagògica. I és en aquestes sales on trobem, per exemple, espectacles tan *provocadors* com el *Rei Lear* de Shakespeare dirigit per Calixto Bieito. Un *Rei Lear* que, en una de les escenes cabdals de la tragèdia (acte III, escena 4), presenta una gran novetat i rebel·lia: mentre el gran actor Josep Maria Pou-Lear, mig nu, desgrana la seua lúcida follia sota la pluja, l'actor que interpreta Edgard comença a masturbar-se entre els parracs que li cobreixen el sexe. Qui havia decidit aquella activitat actoral, Shakespeare? El muntador en cap, que diria Novarina (1993: 17). Evidentment, el director-muntador té tot el dret a ser el que és, una part importantíssima en la construcció de l'espectacle. Però el públic també té els seus drets, cosa que ben sovint s'oblida, fins i tot per banda del públic mateix. D'aquesta manera, l'espectador té tot el dret a preguntar-se el perquè d'aquesta masturbació. Què excita el pobre Edgard, la tempesta, la nuesa decrèpita de Lear, el discurs boig, lúcid i quasi apocalíptic del vell? Fet i fet, una cosa és certa: de sobte, l'atenció es trasllada del discurs terrible del rei a l'activitat masturbatòria d'Edgard. Un canvi de focus que ens distreu de la tensió central de l'escena i, això sí, ens provoca un impacte immediat, una emoció-xoc ben allunyada de tot sentiment. Potser és que el mateix director-muntador en cap no tolera tanta tensió i necessita aquesta activitat masturbatòria per relaxar-se atribuint-se el dret de creure que als espectadors ens passa el mateix. No cal dir que aquest muntatge tenia mèrits més que de sobra, sobretot per

—

banda d'alguns actors, per considerar-se un bon espectacle. Amb tot, hi havia activitats, com aquesta i alguna altra, que dissolien les accions tràgiques en un afany infantilment provocador.

Podríem enumerar un bon munt d'exemples més davant els quals l'espectador no lector de teatre es troba confús o desubicat. I fins i tot manipulat, segons la confessió d'alguns. Llegir teatre, doncs, se'ns apareix no solament com un acte més de cultura, sinó com una acció de *resistència constructiva i complexa* en el *teatre sota l'arena*: davant de les programacions que sempre ens mostraran una part de la realitat i creativitat dramatúrgica, la lectura d'altres textos i autors del present o del passat ens permetrà construir-nos una veritable alternativa, enfortirà la nostra llibertat per decidir què volem veure i què no o com hem d'interpretar certes *provocacions i rebel·lions.* I així deixarem de ser els espectadors abocadors de l'emocionisme d'altri, o el passiu lector-espectador que encara pregonen alguns teòrics per esdevenir un lector-director, constructor de les seues pròpies subversions i del propi imaginari submarí.

La gent sol quedar per veure futbol o pel·lícules en grup davant d'un televisor, per què no quedar també per llegir entre amics una obra de teatre davant d'una bona copa i en un ambient distés? Per què creure que això només ho poden realitzar professionals totèmics amb una preparació especial i no qualsevol mortal amb ganes de fer-ho? Per què pensar encara que això de la «interpretació» és una mena de poder màgic reservat als gurús de la tribu i no una capacitat que tothom pot exercir a la seua manera? No cal fer-hi una lectura especialment «dramàtica» ni intentar assumir el rol d'un determinat personatge. No cal voler ser «actor» en el sentit professional del terme, sinó actor del teu propi plaer i coneixements per compartir-los amb amics, familiars o coneguts sense complexos, imposicions ni vedetismes. Tampoc no cal que hi haja un director de la lectura ni llargues introduccions informatives o altres mecanismes més o menys mimètics de les lectures oficials o els clubs de lectura a l'ús. Una obra de teatre, per la seua pròpia naturalesa genèrica, no és tan llarga com una novel·la i es pot llegir fàcilment en una vetllada. El que importa és reunir-se i llegir; passar-ho bé alternant personatges, comentant escenes, episodis, anècdotes, actes, nivells i formes dels llenguatges, com si es tractés de les diferents jugades que ens proposa el joc textual. Diria que aquesta és una forma de lectura cap amunt, com les paraules en el poema de Bernardo Atxaga; una inversió del procés dominant, un exercici de *riurecràcia*, de creació incessant de cultura d'acord amb la llei d'or que hem comentat anteriorment i que ens aportarà nous sentits i sentiments. En resum: una forma de resistència transformadora i saludable a l'abast de tothom contra alguns atacs patògens i de complexitat compartida *sota l'arena* dels interessos estrictament comercials o de certes polítiques culturals.

Si ho proveu i en gaudiu, segur que se us hi afegirà la mirada còmplice i burleta de Galileu i Sísif: alenarà en el batec dels fulls.

Nota bibliogràfica

BAUMAN, Zygmunt (2000). *Modernidad líquida*. Mèxic: Fondo de Cultura Económica.

BAUMAN, Zygmunt (2005a). *Amor líquido. Acerca de la fragilidad de los vínculos humanos*. Mèxic: Fondo de Cultura Económica.

BAUMAN, Zygmunt (2005b). *Identidad*. Madrid: Losada.

BRECHT, Bertolt (1984). *La «Courage» i els seus fills. Galileu Galilei*. Barcelona: Edicions de 1984.

CAMUS, Albert (1999). *El mito de Sísifo*. Madrid: Alianza. Biblioteca Camus.

FÀBREGAS, Xavier (1972). *Aproximació a la història del teatre català modern*. Barcelona: Curial.

FOGUET, Francesc (2004). «El teatre com a revulsiu. Entrevista a Manuel Molins». *El Contemporani*, núm. 29 (gener-juny), pàg. 19-24.

GRAELLS, Guillem-Jordi i PI DE CABANYES, Oriol (2004). *La generació literària dels 70. 29 escriptors nascuts entre 1939-1949*. Barcelona: Associació d'Escriptors en Llengua Catalana.

GRIMAL, Pierre (1981). *Diccionario de mitología griega y romana*. Barcelona: Paidós.

LACROIX, Michel (2005). *El culte a l'emoció. Atrapats en un món d'emocions sense sentiments*. Barcelona: La Campana.

MÁRAI, Sándor (1999). *El último encuentro*. Barcelona: Salamandra.

MÁRAI, Sándor (2005). *La dona justa*. Barcelona: Edicions 62.

MOLINS, Manuel (1993). «Alternatives dramatúrgiques del teatre valencià dels anys setanta». *La Rella. Revista de l'Institut d'Estudis Comarcals del Baix Vinalopó*, núm. 9, pàg. 101-109.

MOLINS, Manuel (2003a). «El teatre independent a València. Un relat». *Assaig de Teatre*, núm. 37 (juny), pàg. 65-80.

MOLINS, Manuel (2003b). «Et verbum caro factum est». Dins: *La palabra teatral (Acción Teatral de la Valldigna III)*. Edició de José Monleón i Nel Diago. València: Universitat de València. Pàg. 83-110.

NOVARINA, Valère (1993). *Carta als actors seguida de «Per a Louis de Funès»*. Barcelona: Empúries.

ROSSELLÓ, Ramon (1997). «Sobre el teatre independent valencià i la nova escriptura teatral». *Caplletra. Revista Internacional de Filologia*, núm. 22 (primavera), pàg. 217-232.

———

RUIZ DE ELVIRA, Antonio (2000). *Mitología clásica*. Madrid: Gredos.

SANSANO, Biel (2002). «És ací on fan comèdia? (Notícies incertes sobre un teatre valencià virtual)». *Canelobre. Revista de l'Institut Alacantí de Cultura Juan Gil-Albert*, núm. 47, pàg. 237-245.

WAGENSBERG, Jorge (2003). *Ideas sobre la complejidad del mundo*. Barcelona: Tusquets.

Drama català contemporani: entre el desert i la terra promesa

Carles Batlle i Jordà[*]

Testimoni d'una marginació

*E*ls autors de teatre català: testimoni d'una marginació. Amb aquest inquietant títol, apareix, l'any 1976, el conegut llibre d'Antoni Bartomeus; un document fonamental que recull el testimoni de gairebé una quarantena d'autors de l'època, i també de crítics o directors. A més d'incisiu, l'enunciat de Bartomeus és premonitori. Si bé es tracta d'un balanç, també és l'anunci d'una etapa encara per venir. Observem que el llibre no s'apropa només

* Carles Batlle i Jordà (Barcelona, 1963), dramaturg i assagista, és professor de l'Institut del Teatre de Barcelona i de la Universitat Autònoma de Barcelona. Ha publicat, entre d'altres, les obres de teatre *Combat* (1999), *Les Veus de Iambu* (1999), *Suite* (2001), *Oasi* (2003) i *Temptació* (2004). Actualment dirigeix L'Obrador de la Sala Beckett i la revista *Pausa*.

als autors de l'anomenada «generació del Premi Sagarra», sinó que també hi apareixen Oliver, Espriu, Brossa, Capmany o Palau i Fabre. Si ens referim a aquests autors, certament es pot parlar de «marginació» –o de fracàs– quan al·ludim a les expectatives de ressorgiment que s'hi han dipositat. Però què passa amb els autors més joves? Per què són *marginats*? Del prefaci que escriu Joan-Anton Benach per presentar el llibre, se'n desprèn un concepte aclaridor: de moment, és més adequat parlar de marginació voluntària que no pas d'un bandejament estricte. En poques paraules: la majoria dels autors entrevistats estan vinculats d'una manera o altra al moviment del teatre independent (és el moviment independent allò que explica l'existència de tants nous autors dramàtics); des dels inicis, aquest moviment s'autodefineix –passeu-me el mot– com a tendència *antisistema*: el treball dels grups «s'oposa als codis i als vehicles de comunicació que l'organització burgesa de la cultura ha establert». Altrament, els grups independents no entenen el teatre com «un fi per ell mateix, sinó que es constitueix en un vehicle per a la transmissió d'idees i actituds de combat».

Aquesta situació acaba afectant la llibertat creativa dels autors, als quals –segons que diu Rodolf Sirera l'any 1977– s'ha exigit «el compromís polític, la presa de postura». Per la qual cosa, «s'han valorat sobretot els aspectes testimonials o provocadors de les seves obres, sense prestar gaire atenció als estrictament teatrals» (Sirera, 1977: 103). El fenomen del teatre independent sembla en vies de dissolució ja a l'inici dels setanta; llavors, quin és el problema? Després de la mort de Franco, diu encara Sirera, quan «les aigües comencen a retrobar el curs, [...] els professionals –o els afeccionats– de l'escena ja no es veuen empesos a recol-

zar llurs espectacles en determinats tòpics, o en determinats tex-
tos literaris. Ràpidament fugen de tot allò que puga sonar a lite-
ratura». Breu: ara que els escriptors teatrals poden alliberar-se de
les diguem-ne necessitats de la lluita, ara precisament, deixen de ser
una peça clau, deixen de ser fonamentals. Més encara: superada l'e-
tapa de radical autobandejament dels *independents*, els autors des-
cobreixen que no s'ha construït cap plataforma normalitzada,
professionalitzada (o també comercial) que en pugui acollir el tre-
ball. Tot plegat també té a veure amb la progressiva orientació del
teatre cap a la creació gestual (o de la imatge), cap a la consoli-
dació de companyies que treballen processos de creació col·lectius
i també cap al gradual protagonisme dels directors, que s'emmi-
rallen en els Strehler, Ronconi, Brook o Planchon d'Europa. I així
s'instaura, amb alguna excepció concreta, allò que ja és habitual
designar com la llarga «travessia del desert» dels autors en llen-
gua catalana a la segona meitat dels setanta i durant la dècada
dels vuitanta.

Avui, vint anys després, ha arribat el temps de fer *memòria*.
Hem assistit a l'estrena de *Salamandra* de Benet i Jornet al Teatre
Nacional de Catalunya, una peça que s'incorpora al conjunt d'o-
bres d'aquests últims anys que reflexionen sobre la memòria his-
tòrica. Què ha passat perquè un autor de la «travessia» sigui
estrenat a les primeries de la nova centúria, al més gran teatre ins-
titucional del país?

Durant la temporada teatral 2005-2006, ha sorgit la iniciativa
d'organitzar un petit cicle teatral denominat «L'alternativa dels
70». El projecte, que ha afectat el conjunt de les sales alternatives
del Principat, ha nascut amb l'objectiu de *recuperar* l'anomenada
«generació del Premi Sagarra» o, estirant l'abast cronològic de la

definició, la «generació dels setanta» (que, ben mirat, hauria de ser «dels seixanta i setanta»). Amb tot, la idea de *recuperar* és perillosa. Jo m'estimo més parlar de *revisar*. En primer lloc, perquè cap autor ni cap text tenen el dret de reclamar protagonisme pel simple fet d'haver sorgit en una etapa més o menys gloriosa de la nostra escena. La idea de *revisió*, en canvi, és interessant perquè, si bé concedeix l'oportunitat del reencontre i l'actualització, no garanteix necessàriament una avaluació o un judici favorables. Fet i fet, quants d'aquests textos han estat presentats i *rebuts* en un context obert, ampli, normalitzat, sense grans pressions ni urgències de petit context? Ben pocs. Quants d'aquests autors van aconseguir en aquell moment –cito Gallén– «la complicitat o el reconeixement de la seva feina per part dels directors dels grups independents, inserits en el ple i viu debat sobre la inutilitat del teatre de text? Quants d'ells van ser representats amb una certa continuïtat i amb unes condicions acceptables i al marge dels grups independents?» (Gallén, 2006). Cal una *revisió*, encara que només sigui pel fet que els autors d'aquest període –no tots– i els seus textos –la majoria– han estat oblidats, reduïts a l'anècdota del record i citats molt de tant en tant sense un veritable coneixement de causa; cal una *revisió*, sí, però una *revisió crítica*.

I per fer-la, en primer lloc, caldria aclarir la idoneïtat o no del terme «generació», és a dir, marcar diferències tant pel que fa a models (estímuls) o edats, com pel que afecta a complicitats creatives o contextos de producció. En segon lloc, hauríem de tenir en compte fins a quin punt fenòmens d'abast no solament local, com la difícil situació del teatre de text a Europa («Cuando la práctica escénica en los años 60 y 70 –diu Patrice Pavis–, casi ha eliminado los textos o los ha reducido al estado de decoración sonora, la escriptura dramática quedó completamente oculta» [Pavis, 2002: 9]), tenen a veure o no amb l'esmentada *travessia del desert*. En tercer lloc, haurem de valorar l'origen i la discutible vigència d'antics debats, com ara l'escissió entre «teatre» i «literatura dramàtica» (probablement, en l'època de referència, el predomini de l'al·legorisme –en l'òrbita del teatre èpic predominant– va bandejar opcions, a grans trets definides com a *realistes* i associades al concepte denostat de *literatura dramàtica*; posteriorment, l'eclosió dels corrents gestuals i de creació col·lectiva no va fer més que agreujar l'equívoc). En quart lloc, no ens podem estar d'avaluar la trajectòria posterior de tots aquests autors. N'hi ha que han sortit reforçats de la seva llarga estada al desert (ben pocs, sobretot Benet i Jornet); n'hi ha que malauradament han sucumbit artísticament (la majoria al mateix temps que ho feia el teatre independent), i finalment encara n'hi ha d'altres que malden per sortir del laberint. I és difícil. Com bé diu Rodolf Sirera, per la dificultat d'estrenar

«en un país en el que la empresa privada tradicional se halla absolutamente volcada hacia un teatro digestivo, fàcil [...]. O ha determinado un tipo de propuestas escénicas –como ocurre actualmente con mucha frecuencia en Cataluña– en las que lo que se vende es una "marca de compañía" (llámese Joglars, Comediants, Dagoll Dagom, La Fura dels Baus, etc.) por encima de un espectáculo en concreto [...]. Están luego los centros de producción institucional dedicados mayoritariamente a los grandes montajes de repertorio, y en los que el autor vivo [...] debe, en muchos casos, someterse a un cierto "orden y escalafón": este año corresponde estrenar a tal autor. Generalmente lo más reciente, que no siempre es lo mejor: nunca se plantea la revisión histórica, desde la perspectiva contemporánea, de sus textos más significativos. O, en los pequeños espacios de experimentación, las obras de los autores más jóvenes. Porque se considera, no siempre con justicia, que mayor juventud comporta obligatoriamente una escritura más arriesgada» (Sirera, 2005: 34-35).

Dels vuitanta als noranta: la revifalla del text

L'any 1989, Joaquim Vilà i Folch, tot fent balanç de la dècada que s'acaba i avaluant la situació present, pensa que la sortida del desert encara no és definitiva. En la seva reflexió s'hi entreveu una esperança:

«Ens queda, com un gran deute, la manca d'*autors* de textos teatrals en sentit clàssic. Les aparicions de Guillem-Jordi Graells o de Xavier Bru de Sala (en traduccions o reelaboracions) no són cap aportació de la dècada, ja que ambdós són fills directíssims dels setanta. L'aparició de Miquel Maria Gibert –*El sol dels crisantems*, *El vi més ardent* (estrenada el 4-III-83)...– no ha arribat, tot i els premis obtinguts, a estabilitzar una producció raonable que, per altra banda, comporta una dificilíssima sortida. Potser el mataroní Toni Cabré, a més de premis, ha tingut una mica més de sort. [Amb tot] no ha aconseguit el ressò necessari per assolir la desitjada normalitat. En aquest moment, possiblement sigui la figura de Sergi Belbel, encapçalant un ampli i divers equip, la resposta viva que doni una certa esperança a aquesta realitat esllanguida. La seva fulgurant aparició pública, amb un cos teatral en constant recerca, l'ha situat en el vessant més inquiet de la professió» (Vilà i Folch, 1989: 39).

Efectivament, a cavall del 1990, es perfila un nou horitzó. «El vent ha castigat –exclama Benet i Jornet–, però no s'ha emportat l'autor» (Benet, 1990a). Amb un punt d'eufòria i amb un punt de ressentiment, el *pare* –o el *primer fill*– de la generació Sagarra parla sense embuts: durant tot el període precedent ha imperat el descrèdit de la literatura dramàtica i de la figura de l'autor, fins a tal punt s'ha expandit l'autoodi, que l'autor dramàtic ha estat a punt de desaparèixer completament. Ara les coses canvien. I per mantenir el canvi, cal fugir de models tancats, acceptar totes les tendències i escoltar humilment les noves generacions. Per sort –diu–, «just acaba d'aparèixer a casa nostra, cridant l'atenció amb les seves obres, accions i actituds primerenques, una nova fornada de gent de teatre que ha pogut orejar-se i rebre, des de l'adolescència, pràcticament la mateixa informació dels darrers fenòmens escènics que rep un ciutadà de França, de la Gran Bretanya, d'Alemanya». Benet, evidentment, es refereix a Belbel, al qual fa còmplice del seu procés d'escriptura de *Desig* (1989), Premi Nacional de Literatura Dramàtica, i al qual prologa *En companyia d'abisme* (1989, escrita el 1988) i *Minim.mal show* (1992, escrita el 1987). Però qui és aquest jove Belbel? Belbel, *l'esperança blanca*, és un jove autor universitari que el 1986 ha guanyat el Marqués de Bradomín amb *Calidoscopis i fars d'avui*, i que la temporada 1988-1989 és objecte d'una operació institucional (Centre Dramàtic de la Generalitat de Catalunya, Institut del Teatre / Centre Dramàtic d'Osona i Mercat de les Flors / El Teatro Fronterizo) que té com a finalitat primera l'estrena de tres obres seves (*Elsa Schneider*, *En companyia d'abisme* i *Òpera*, respectivament) i com a objectiu últim l'inici d'una nova etapa pel que fa a la projecció de la dramatúrgia autòctona.

81

L'operació –anomenada popularment «operació Belbel»– dóna fruits. El canvi és del tot sorprenent: el CDGC, dirigit per Domènec Reixach, defineix la seva línia artística en relació amb el teatre català, cosa que suposa una política decidida de revisió dels clàssics, l'estrena de diversos autors contemporanis (Jordi-Pere Cerdà, Rodolf Sirera, Josep M. Benet i Jornet, Sergi Belbel o Francesc Pereira), el muntatge dels últims premis Ignasi Iglésias (*Elsa Schneider*; *Residuals*, de Jordi Teixidor; *Alfons IV*, de Josep M. Muñoz Pujol i *Nus*, de Joan Casas) i l'oferta de beques a la creació de noves obres. Alguns narradors consolidats també s'interessen pel teatre i obtenen facilitats per estrenar al CDGC. És el cas de Manuel Vázquez Montalbán, Montserrat Roig o Eduardo Mendoza. El Teatre Lliure, que de manera declarada s'ha girat d'esquena contra els autors del país en els seus més de deu anys d'història, ara, seguint l'estímul i l'exemple del CDGC, programa autors catalans (Guillem-Jordi Graells –*Titànic 92*–, Benet i Jornet –*Ai, Carai!*–, Ramon Gomis –*Capvespre al jardí*–). Finalment, la Sala Beckett, tot just acabada de fundar per José Sanchis Sinisterra, promou laboratoris de dramatúrgia textual i estrena autors nous com ara Josep Pere Peyró o Lluïsa Cunillé.

El nou panorama evoluciona molt ràpidament. El cas de *Desig* –estrenat també al CDGC i dirigit per Belbel– és, al meu entendre, emblemàtic. D'una banda, suposa un relleu exemplar entre dues generacions; de l'altra, certifica que la millor opció de supervivència per als autors *majors* –els de la generació *recuperada*– rau en el fet de deixar-se *contaminar* pels autors més joves. La història recent confirma la sentència. Si bé és cert que Teixidor, Muñoz, Gomis o Sirera s'apunten a la revifalla, també ho és que la seva reaparició (amb matisos en el cas de Sirera) és ben efímera. Per això, a banda mèrits artístics propis, *Desig* és potser l'obra catalana més important dels últims gairebé vint anys. Perquè sorgeix de les dunes del desert plenament renovada, feliçment *contaminada*, amb noves idees, noves formes i noves inquietuds. L'actitud oberta de Benet també la trobem en José Sanchis Sinisterra. Belbel s'ha format en l'escola dramatúrgica de Sanchis; tots dos, s'han conegut a la UAB, on Belbel ha estat vinculat a l'Aula de Teatre. Belbel li ha fet costat en el moment de l'obertura de la Sala Beckett. En definitiva, Sanchis, com Benet i Jornet, s'ha obert generosament a les propostes de les noves fornades i ofereix el coixí de la seva companyia (El Teatro Fronterizo) als nous autors. El resultat immediat són dos muntatges belbelians de factura minimalista: *Minim.mal show* i *Òpera*. Per aquestes dates, Belbel propugna, a la manera de Sanchis, una teatralitat essencialitzada, mínima; que trenqui la frontera convencional de la faula, del conflicte o del personatge... Tot això, totes aquestes idees, són les que està *xuclant* Benet. No és estrany que, l'any 1990, Sanchis programi un text de Benet a la Beckett (*La fageda*) dirigit per Belbel i tradueixi *Desig* al castellà. El triangle Benet-Belbel-Sanchis es construeix, doncs, de forma coherent. Vegem-ne les repercussions estètiques en aquests primers anys noranta.

Tot parlant d'*En companyia d'abisme*, Benet diu que Belbel pretén «donar el màxim de joc amb el mínim d'elements dramàtics», parla de «tècnica narrativa despullada»; també ens explica que l'accent «incideix sobre el procés d'acord (i de domini) entre els dos personatges; sobre els mecanismes que motiven l'acord, no sobre l'acord en si mateix», «l'anècdota ens és decididament escamotejada» i, amb tot, «el dramaturg converteix el seu art en un bisturí que posa al descobert delicats, pudorosos mecanismes de la comunicació entre les persones» (Benet, 1990b: 8-11). Al seu torn, quan Belbel parla de *Desig*, diu que l'obra «sembla amagar-ho tot», que sobta «l'estranyesa d'una conversa aparentment normal tenyida per un no-sé-què profundament inquietant (¿calia *entendre?*, o ¿*no* calia entendre?)» (Belbel, 1991: 9-14). Comptat i debatut, són principis dramatúrgics que, si bé connecten amb conceptes teòrics universals –«crisi de la faula», «crisi del personatge»–, defineixen una tendència estètica que presideix els primers anys de la recuperació del teatre de text a Catalunya, és a dir, els primers anys noranta: allò que, segons definició pròpia, he titllat de «drama relatiu» (Batlle, 2001) o, en terminologia sanchisiana, de «poètica de la sostracció» (Sanchis, 1996).

Tenim, doncs, que, sota l'estela de Sanchis, els nous autors dels primers noranta (Belbel i el *recuperat* Benet, però també Lluïsa Cunillé o Josep Pere Peyró), escriuen propostes textuals poc complaents. Treballen de cara a modificar els mecanismes perceptius de l'espectador (tenen un interès evident a fer que l'espectador participi activament en la construcció del sentit, a substituir la seva passivitat acomodatícia i convertir-la en una actitud creativa que el coresponsabilitzi en l'*autoria* dramàtica.) Per dur a terme això, l'economia de mitjans, tant dramàtics com escènics, deriva –en mots de Sanchis– cap a una «teatralidad del enigma», que cada autor aplicarà amb més o menys intensitat i en un registre diferent, però que aconsegueix de connectar les noves troballes dramatúrgiques autòctones amb les propostes d'alguns grans noms de l'escena internacional, com ara Samuel Beckett, Thomas Bernhard, Harold Pinter o els més «joves» David Mamet o Bernard-Marie Koltès. D'altra banda, Josep Lluís Sirera cita noms com ara Francesc Luchetti, Lluís-Anton Baulenas o Joan Barbero per dibuixar una altra línia, alternativa a la que estic definint, centrada en un realisme molt més directe, molt més cru –«realisme brut», en diran alguns (Sirera, 1993).

Però no solament Belbel ha estat un deixeble avantatjat de Sanchis als primers noranta. També ho han estat Lluïsa Cunillé, Josep Pere Peyró, Ignasi Garcia o Manuel Dueso. De tots ells, la primera és la que ha tingut una producció més extensa, coherent i continuada al llarg d'aquests anys i fins a l'actualitat, gràcies, sobretot, a la complicitat de directors, actors i autors com ara Xavier Albertí, Joan Ollé, Paco Zarzoso, Lina Lambert, Carlota Subirós o Lurdes Barba. L'any 1991, Cunillé guanya un accèssit al Premi Ignasi Iglésias (*Berna*) i també el Calderón de la Barca (*Rodeo*). La seva obra, escrita indistintament en llengua catalana o castellana, també ha tingut una gran influència en el conjunt de l'estat. Potser generalitzo amb excés, però m'atreviria a dir que, passats els anys, la majoria dels seus textos se segueixen movent en l'estela d'aquella originària «poètica de la sostracció»: gairebé mai no presenten un conflicte evident i tampoc no expliciten el sentit de l'acció dels seus personatges; són peces aparentment íntimes i ambigües, marcades per una càrrega enigmàtica potent, que condueixen les expectatives obertes pel públic cap a un final dramàtic sense concessions, gairebé sempre sense solucions, sense desenllaç (Puchades, 2005). Ben mirat, la majoria dels autors dels primers noranta, Cunillé inclosa, s'entesten a presentar la pàtina grisa i terrible de la vida quotidiana en societat, la soledat, la incomunicació, la necessitat de construir excuses per propiciar un mínim intercanvi... Així ho fa, per exemple, Peyró (un dels primers a decidir-se a dirigir i interpretar els seus textos), que escriu una obra farcida d'individus neuròtics, obsessius i quasi sempre patètics. En mots de Marcos Ordóñez, personatges que «donen voltes i voltes a l'entorn dels seus problemes com gossos mossegant-se la cua: presumptes amos del llenguatge, sempre acaben perduts en laberints ridículs, dins la irrealitat abstracta de les grans paraules» (Ordóñez, 1996). La tensió en les obres de Peyró, també en l'estela *sostractiva*, es fonamenta en un hàbil entramat d'enigmes i reconeixements, però també en la construcció cuidada i inquietant d'una *forma arbitràriament prefixada*. I aquest és un dels altres elements que cal tenir en compte a l'hora d'avaluar l'escriptura amb què s'inicia la dècada.

Minimalisme, formalisme, monologuisme i relativisme

Del darrer concepte, ja n'he dit alguna cosa; els altres tres també són idees fonamentals per comprendre la nova dramatúrgia d'aquests anys. De la fragmentació en estructures mínimes, del joc amb mecanismes de repetició i variació, en surten obres tan emblemàtiques com *Tàlem* (1989), de Belbel, o *Una pluja irlandesa* (1995), de Peyró. Però el cert és que el minimalisme estricte se supera ben aviat a favor d'un formalisme tàcit: es tracta de dissenyar una estructura formal prèvia que respongui a la fixació de simetries o de càlculs matemàtics més o menys precisos. Totes les obres de Belbel, fins a *Carícies* (1991), responen a aquesta idea. Durant aquest anys –i encara avui–, no resulta estrany sentir a dir que els autors catalans són «formalistes». Com si fos una cosa lletja, una mena d'atemptat de lesa frivolitat per parts dels nostres dramaturgs. Però els tòpics sempre responen a una lectura superficial de les coses: si bé és cert que la retrobada amb el text dra-

86

màtic –a Catalunya per motius evidents, però també a Europa davant la crisi de referents ideològics que provoca l'esfondrament de la Unió Soviètica–, passa per una etapa de desideologització, per una pèrdua de *compromís* social, això no implica que les obres siguin frívoles o irresponsables. El *replegament interior* passa per una recerca formal destinada a explorar la soledat de l'home contemporani, la seva perplexitat ideològica, la seva incapacitat per comunicar-se amb els altres i per conèixer-se a ell mateix. Parlo de l'home postmodern, escindit per una perspectiva múltiple que recau sobre ell mateix, però que ell mateix projecta sobre el món i sobre la pròpia individualitat. Els resultats d'aquesta recerca tenen a veure amb la *fragmentació*. I l'ordenació dels fragments suggereix un ordre extern, *formal*, que organitza la vida més enllà de la nostra comprensió i li atorga, o bé una estranya coherència, o bé una poètica imprevista, o bé un sentit de fatalitat.

Aclaparat per la dificultat d'allò que és «intersubjectiu», el drama contemporani potencia l'«intrasubjectivitat»; aquell apassionant camí cap a l'«íntim» (Sarrazac, 1989) que ha caracteritzat bona part de les troballes del drama modern tot al llarg del segle XX arriba ara a un punt d'eclosió: la crisi del diàleg esdevé absoluta, s'entronitza el monòleg com a forma preeminent (no pas absoluta). Segons la classificació de Sanchis, els locutors d'aquest monòleg són individus «escindits» que sempre «dialoguen» amb ells mateixos, encara que de vegades també ho fan amb algú altre; algú que no sempre és clar si hi és o no hi és, si escolta o no escolta, i, en el cas que no escolti, si ho fa perquè no vol o perquè no pot. I quan el destinatari és el públic, la majoria de vegades –si l'auditori no és ficcionalitzat– la situació d'enunciació s'esborra i es perd tota lògica dramàtica. Però aquest individu que parla, quan és que parla?, per què?, des d'on? A Europa, el fenomen –d'arrel beckettiana també– és una mica anterior. Heiner Müller intenta definir els monòlegs koltesians, tot parlant de «flux de consciència» (Müller, s.d.) (un «aire no-construït», «passatges fluïts d'un nivell de percepció a un altre», «alguna cosa de líric»). Un «flux» que Valentina Valentini, tot aprofitant un títol de Beckett, farà servir per definir el «solo» (Valentini, 1991), una forma teatral determinant al teatre europeu de les darreres dècades. També, al·ludint a l'obra dels autors francesos dels setanta i primers vuitanta (Vinaver, Deutsch, però també Minyana, Novarina o Koltès), Sarrazac parla del «volum de silenci dels mots», de «crepuscle del diàleg» o de «monòleg a diferents veus» (Sarrazac, 1999). Catalunya, doncs, es tuteja amb Europa: és la retrobada amb el text –l'aparició d'una nova generació d'autors– allò que ha de permetre finalment i sobtadament l'equiparació definitiva amb el teatre contemporani occidental?

Els autors dels noranta

A meitat de la dècada dels noranta, l'impuls *regenerador* sembla imparable. Si no fos que no vull caure en els mateixos errors a què m'he referit més amunt, m'atreviria a definir l'aparició d'una nova generació: la dels d'autors dramàtics dels noranta, que reuniria els autors citats –Cunillé, Peyró, Belbel, també Casas– (als quals caldria afegir dramaturgs ni tan declaradament «relatius» ni tan clarament formalistes, com ara Toni Cabré –que, de fet, ja escriu des de la primera meitat dels vuitanta, com Miquel M.

Gibert–, Joan Cavallé o Lluís-Anton Baulenas, fins i tot Manuel Dueso) i d'altres de sorgits poc més tard –encara que sembli estranya la concentració–, entre els anys 1994 i 1995 (en el cas de Barcelona). D'aquests darrers, alguns són autors vinculats en un primer moment a la Beckett, com ara Enric Nolla, Gerard Vàzquez o Mercè Sarrias; o a la Beckett i a l'Institut del Teatre, com ara Beth Escudé, David Plana o jo mateix (o només a l'Institut, com Raimon Àvila); d'altres són intèrprets que han decidit d'ampliar el seu camp, mai més ben dit, d'actuació, com ara Àngels Aymar, Jordi Sànchez o Manuel Veiga; d'altres que vénen de l'experiència del teatre *amateur*, com ara Jordi Galceran, i encara podríem afegir Albert Mestres, Sergi Pompermayer i un relativament llarg etcètera. Tot això sense comptar autors de més edat que s'aproximen al teatre des d'altres disciplines literàries, com ara Narcís Comadira. Al País Valencià, l'impuls també es nota. Donant el relleu –no pas apartant-los– als germans Sirera o a Manuel Molins, apareix la producció de Carles Alberola, Ximo Llorens, Roberto Garcia, Paco Zarzoso, Pasqual Alapont o Xavier Puchades. I, a Mallorca, Joan Guasp, Llorenç Capellà o Jaume Sansó (encara als vuitanta) i, una mica més tard, Joan Carles Bellviure o Josep R. Cerdà (Nadal, 1998).

Ja sé que és complicat parlar de generacions. Tal com recullen Magda Puyo i Pablo Ley en un interessant dossier sobre el teatre i la «generació del "baby boom"», els individus nascuts entre el 1960 i els primers setanta, que van «viure l'adolescència i la primera joventut en la confusa democràcia que va seguir a la llarga dictadura», no semblen «tenir trets generacionals. Ni tampoc límits definits», ni tampoc els agrada sentir-se integrats en un grup. I, amb tot, és un grup, sí, generacional que «ha hagut de lluitar més que res per sobreviure en la massificació (social) i en el silenci (polític), cosa que podria explicar en molts sentits la seva aparent docilitat» (Puyo i Ley, 2003). Probablement, lluny de referències de naixement, allò que uneix els autors dels noranta, per damunt de tot, és la recerca d'un llenguatge teatral que emmascari la realitat però que conformi una mena de realisme en què la nostra experiència del món real es desdibuixi com a referent.

Realitat i ficció

Les obres dels noranta instauren un univers de referències quotidià i contemporani. S'usa bàsicament el monòleg, però també s'usa el diàleg. Com diu Josep Lluís Sirera (Sirera, 1993: 42) quan es fa servir, el diàleg és «qüestionat», es busca «el trencament dels mecanismes que el fan possible», cosa que potencia la pàtina misteriosa i opaca amb què s'actualitza la realitat. No podem parlar amb gaire rigor d'una etapa de «monòleg» i d'una altra de «diàleg», és només una qüestió de grau, l'objectiu és el mateix: presentar una realitat propera i estranya alhora. Fa poc escrivia un article en aquest sentit (Batlle, 2005); hi citava, per exemple, la tècnica d'usar símbols: entre molts d'altres, el telèfon a *Desig* (1990), de Josep M. Benet i Jornet; un braç ortopèdic a *La dona incompleta* (2000), de David Plana; animals engabiats a *Àfrica 30* (1996), de Mercè Sarrias, o una pintura misteriosa a les meves obres *Combat* (1995-1998) o *Suite* (1999). El somni, la màgia, la irrealitat, se superposen al quotidià. Personalment, m'agrada parlar de «realisme estrany». A aquest «realisme estrany», hi podem afegir el pes del no-dit (en les obres declaradament «relatives» o «sostractives») i una disposició/utilització del llenguatge segons una *estratègia* diguem-ne de combat, a la manera de Koltès, però també a la manera de Mamet o Pinter. Els personatges (i els autors) de les obres dramàtiques dels noranta són –i uso mots referits a Pinter– més afeccionats «a construir versions de la realitat a base de paraules, que no pas a referir-se verbalment a una realitat prèviament prefixada» (Aragay, 1992).

Aquesta darrera idea em permet abordar una altra particularitat del corpus a què faig referència: en força textos, la temptació per *versionar la realitat* ha derivat cap a un joc dramatúrgic entre *realitat* i *ficció* (Batlle, 2002). Un joc que no és nou si parlem de superposició de plans (en trobem exemples als anys vuitanta, com ara *El manuscrit d'Alí Bei* [1984], de Benet i Jornet, o *Indian summer* [1987], de Rodolf Sirera), però que té una certa novetat quan es refereix a la dialèctica entre *veritat* i *mentida*. A les obres en què se superposen plans, el públic es qüestiona la *realitat* d'allò que veu; per contra, davant d'alguns dels textos a què faig referència, no és tant la *realitat* d'allò que veu –que també–, el que provoca l'interrogant o la perplexitat, sinó que, més aviat, és la veritat o no d'allò que es diu el que el neguiteja. Aquella inquieta exploració amb el llenguatge que fonamenta el «drama relatiu» ha acabat esdevenint un mecanisme constructor de *versions de realitat*. Versions que, lògicament, també es poden visualitzar en escena (és el cas de *La dona incompleta*) com a situacions més o menys independents, però que en la majoria dels casos es limiten a l'oralitat (és el cas, per exemple, de *L'habitació del nen* [2000-2001], de Benet i Jornet, en què dos personatges contraposen explícitament la seva interpretació dels fets reals). Molts de cops, el *joc de versions* es basteix al voltant d'una experiència pretèrita (és el cas de *Desig* o de *Suite*). Així, el passat –la incertesa sobre el passat– es responsabilitza en part de l'efecte d'*estranyesa*, de la instauració d'una atmosfera misteriosa. Tot plegat té a veure encara amb la tendència a l'íntim i amb l'*escisió* de l'home postmodern: els individus són un conglomerat de records en ebullició; el passat no és fix; és viu en la mesura que les circumstàncies –i els diversos personatges– del present el manipulen i l'integren en una nova/es versió/ns de la realitat. Es tracta de *literaturitzar l'experiència* (la manipulació/idealització de l'experiència –la pretèrita i la present– per part dels personatges).

«Relativa» o no, la dramatúrgia dels autors dels noranta, a la segona meitat de la dècada, és una dramatúrgia bàsicament «íntima» i generalment «formalista», que tendeix a eludir tant els referents concrets (noms locals de persones, o referències concretes a la ciutat o al país) com el tractament de problemes socials o ideològics gaire concrets. Totes dues coses, un cop encetat el millenni, canviaran radicalment.

Existeix una «nova dramatúrgia»?

Som a l'inici d'un nou segle. Què ha passat amb els autors dels noranta? S'han consolidat? S'han esllanguit? Quina continuïtat tenen? Què ha passat amb els autors de «L'alternativa dels 70»?

N'hi ha que han qüestionat l'existència de la «nova dramatúrgia». Joan Casas, per exemple, tot i acceptar l'aparició de nous dramaturgs, nega l'existència d'una «nova dramatúrgia catalana» simplement perquè la producció dramàtica d'aquests dramaturgs ocupa un espai molt marginal en el teixit de la «nova» indústria teatral catalana. I probablement té raó: «encara no s'ha produït una trobada, una nova aliança [...] entre l'escriptura dramàtica catalana i el públic, i [...] fins que aquesta trobada no es doni i no sigui socialment significativa difícilment podrem parlar d'una dramatúrgia pròpia» (Casas, 2000). També, en un sentit similar al de Casas (que ja semblava indicar el mateix nou anys abans; vegeu Casas, 1991), val la pena citar Sergi Belbel:

«Durant els noranta hi va haver un moment que semblava que hi hauria un gran esclat de la dramatúrgia catalana. Amb la democràcia, els teatre públics, el mateix Institut del Teatre, la Sala Beckett..., van sortir tres o quatre joves que, cosa importantíssima, van rebre el suport de les institucions. Ara sembla que tot pot acabar en *agua de borrajas*. No s'ha fet mai una bona anàlisi i hi ha diferents elements: 1) la captació d'un públic és molt difícil; 2) la competència amb els grans noms del teatre universal [...]; 3) no hi ha hagut una bona política de protecció; 4) la mateixa professió, és a dir, l'autor que només escriu ho té molt pelut, i no tothom té l'habilitat de ser director o el talent per ser actor; 5) [...] la recepció crítica, és a dir, la poca sensibilitat que hi ha per part de la crítica i la premsa respecte a les noves veus: el nostre és un país que et dóna una oportunitat durant deu minuts, i si no obtens un triomf, destral i cap a casa. Aquesta manera d'enfocar la creació d'un país és salvatge» (Ferré, 2003).

I, amb tot, els autors escriuen obres, i bona part, encara que sigui en circuits marginals, les estrenen o les publiquen. En la mesura que aquestes obres es fan públiques, crec que es pot parlar de tendències, escoles i complicitats. Tal com passa en el vídeo art o en la música contemporània, no per minoritàries són menys reals,

---

menys certes. Probablement sempre convé un estadi previ de *minorització* i de marginalitat, de vegades desitjada, de vegades involuntària, que proporcioni la solidesa mínima indispensable per accedir a la *normalització*. Esclar que això no ha de servir d'excusa. Lamentablement, passats cinc anys, l'apreciació de Casas continua sent una trista i dura realitat. I més: molts dels autors dels noranta –i no diguem de «L'alternativa dels 70»– han deixat d'escriure (o ho fan molt de tant en tant) (Cavallé, 2003).

Sigui com sigui, el que sembla clar és que, més enllà del 2000, les propostes s'han diversificat, els models ja no són tan clars, ni tan pocs, ni les escoles tan marcades. Molts dels autors han evolucionat cap a propostes i interessos que no tenen res a veure amb l'estil i el contingut de les obres amb què van començar a escriure. D'altra banda, han augmentat les vies d'introducció i de coneixement del teatre estranger de primera línia. Si bé les possibilitats d'edició i d'estrena són precàries i, per tant –insisteixo–, és mínima la possibilitat d'una veritable normalització, també és cert que l'obertura a l'hora d'abordar diferents gèneres –des de la comèdia d'embolics a la tragèdia contemporània passant per totes les formes del drama o els experiments multidisciplinars– i el domini de la tècnica (adquirit principalment en escoles com ara L'Obrador de la Sala Beckett o l'Institut del Teatre) traeixen una «base» prou sòlida que hauria de facilitar l'accés a aquesta normalitat. Què falta? Falta una veritable política d'incentivació, suport i continuïtat. Projectes de residència autoral com el T-6 del Teatre Nacional de Catalunya ajuden, certament, però haurien de vetllar per la continuïtat dels autors seleccionats (que –deixem-ho clar– no volen "examinar-se") i anar amb molt de compte per no destruir el teixit productiu (pel que fa a l'escenificació de textos autòctons) de les sales alternatives (amb les quals s'ha arribat a un acord de coproducció i exhibició). D'altra banda, també cal treballar dinàmicament el territori. Podem desaprofitar el teixit de teatres, la gran infraestructura teatral que s'escampa per tot el territori de parla catalana? No s'hauria de fomentar la capacitat de producció dels municipis? L'excés de centralisme contribueix a dificultar la normalització? I per postres hi ha el desconeixement mutu i la manca d'intercanvis: «No és des de l'òptica política –diu Joan Cavallé– sinó des de l'eminentment artística que dic que hi ha un teatre català (o barceloní), un de valencià i un de balear, que parlen molt poc entre si. En aquest punt, els vint-i-cinc anys de democràcia i autonomies poden haver significat un cert retrocés, en la mesura que la institucionalització de les autonomies sembla com si hagués posat més barreres que no facilitat l'acostament.» Més encara: en el cas de la Catalunya estricta, els «autors de teatre català són a Barcelona perquè Barcelona és l'únic centre de producció».

Diversificació de tendències

I, malgrat tot –repeteixo–, hi ha hagut una obertura pel que fa a tendències, gèneres, models i estils. I això és bo. Avui crec que, com a concepte aglutinador d'un corrent creatiu a casa nostra, l'etiqueta de «drama relatiu» ha quedat pràcticament superada. Per descomptat que trobaríem obres que s'avindrien bé amb la definició *relativa*. Ara bé, la diversificació de l'estil i dels interessos dels autors (motivada per la dispersió de les línies mestra d'alguns centres de formació-producció –com ara la Sala Beckett–, l'ampliació de les influències foranes o la variació de les opcions creatives vinculades a la professionalització) ja no permet aplicar el concepte de «drama relatiu» a un corrent majoritari de les nostres lletres dramàtiques. Per exemple, els dramaturgs catalans comencen a plantejar-se què en fan de la seva realitat immediata, i el *context* comença a aparèixer clarament definit, perfectament reconeixedor. Això, que semblava impensable als anys noranta, avui és una realitat. Durant anys, els autors hem estat patint un cert complex que ens impedia situar les obres a les nostres ciutats, que ens obligava a disfressar els noms dels personatges per por que no semblessin massa locals. Curiosament, la Sala Beckett, bressol de la *dramatúrgia sostractiva*, durant la temporada 2003-2004, ha promogut un cicle titulat genèricament «L'acció té lloc a Barcelona». «Al teatre dels vuitanta i els noranta –diu Toni Casares tot presentant el cicle– se li ha criticat molt sovint la manca d'atenció sobre els problemes i les circumstàncies de l'actualitat», com si hagués «obviat els assumptes de la col·lectivitat i s'hagués oblidat de la realitat damunt la qual opera» (Casares, 2005). És cert. Però les coses han canviat: ja no cal buscar conflictes *globals* (per allò que tenien d'*indeterminats*), sinó conflictes *locals* que puguin tenir una lectura arreu, que puguin oferir una nova llum llegits a l'Havana o a Hèlsinki. Allò que és global s'enriqueix en les particularitats. Reduir el global a allò que és percebut com a global només és simplificació, o banalització. En una paraula: *globalització*. D'aquesta nova mentalitat, sorgeixen títols com ara *Forasters* (2004), de Sergi Belbel (que, encara que no s'esmenti, és evident que té lloc a Barcelona); *Salamandra* (2005), de Benet i Jornet; *El mètode Grönholm* (2003), de Jordi Galceran; *Barcelona, mapa d'ombres* (2004), de Lluïsa Cunillé;

Plou a Barcelona (2004), de Pau Miró; *16.000 pessetes* (2004), de Manuel Veiga, etcètera.

Teatre compromès?

La qüestió dels topònims i dels noms de persona està íntimament vinculada a la definició política dels textos. Núria Santamaria, per exemple, l'any 2003, gosa recriminar «l'olimpisme polític» dels textos de la «nova dramatúrgia catalana». El seu retret, tot i no comptar amb el *compromís* sempre subjacent al «drama relatiu», tot i no comptar amb tendències d'abast europeu (o occidental) que postulen la retrobada d'un *sentiment tràgic contemporani* al qual es pot arribar mitjançant la fragmentació, la dissolució del subjecte o la difícil restitució de la faula (tècniques, totes, posades al servei d'un nou «teatre de la catàstrofe», que, entre altres coses, nega explícitament «la necessitat de comprensió» [Barker, 1997]); el seu retret, dic, tot i així, té un fonament interessant en la mesura que evidencia un cansament i fa una reivindicació decidida de la tematització de les obres i de la funció de l'art com a mirall crític de la societat. «Una notable porció dels textos produïts els darrers cinc anys –exclama amb tota la raó del món– no ha sortit d'aquella perplexitat –materialitzada amb una gamma finita d'estratègies (desestructuració del personatge, terbolesa de les fronteres entre la realitat i la ficció, la verbositat i l'afàsia, la indefinició d'espais i de temps, la luxació narrativa, etcètera)– que de primer moment ens semblava legítima i depurativa, i que a hores d'ara comença a fer-se sospitosa. La reticència no afecta necessàriament la qualitat tècnica dels textos; incideix, més aviat, en la seva substància moral i intel·lectual. Si els dramaturgs no ens diuen res, potser és perquè no tenen res a dir» (Santamaria, 2003). Tot amb tot, Santamaria no cita, per exemple, els primers textos dels autors apareguts entre el 1994 i el 1995, no gens o poc *relatius*, com ara *A trenc d'alba* (1995), d'Ignasi Garcia; *El pensament per enemic* (1996), de Beth Escudé; *Hurracan* (1994), d'Enric Nolla, o el meu *Combat* (1995-1998); obres en què, si bé la indeterminació i la sostracció són molt menys evidents, el *compromís* sí que s'hi evidencia. Més encara: al mateix moment del reny, de fet el canvi ja ha començat. La mateixa escriptura que ha decidit recuperar les referències locals també s'atreveix ara a presentar temes d'actualitat amb una voluntat ideològica clara. No es tracta de llançar consignes, però sí d'oferir noves perspectives davant la realitat *anivellada* dels titulars dels diaris. Santamaria mateix detecta alguns textos en aquest sentit. D'entre aquests, les obres redactades a la dècada dels noranta, significativament, són d'autors vinculats a la generació precedent (Sirera –*La caverna* [1993]–, Teixidor –*Magnus* [1994]–, Molins –*Abú Magrib* [1994] o *Trilogia d'exilis* [1999]–), que no s'acaben de vincular de forma decidida a les noves tendències. *La sang*, de Belbel, i *El gos del tinent*, de Benet, en canvi, són textos (del 1999) d'autors que fan un *détour*. Enric Gallén, proloquista de les obres, menciona el *retorn* de Benet a la reflexió política i valora, com de fet farà bona part de la crítica, el caient moral de l'obra de Belbel. A partir d'aquí, en aquests darrers cinc anys, el goteig de textos amb més o menys dimensió ideològica ha estat incessant: *Tractat de blanques* (2002), de Nolla; *16.000 pessetes*, de Manuel Veiga; *Paradís oblidat* (2002), de David Plana; *Barcelona, mapa d'ombres*, de Lluïsa Cunillé; *A les portes del cel* (2004), de Josep Pere Peyró; *Almenys no és Nadal* (2003), de Carles Alberola; *Silenci de negra* (2000), dels germans Sirera; *Olors* (estrenada el 2000), de Benet i Jornet; *Aurora de Gollada* (2005), de Beth Escudé; les meves *Oasi* (2002) i *Temptació* (2004) o, fins i tot, *El mètode Grönholm* o *Carnaval* (2005), de Jordi Galceran. Aquest conjunt d'obres també posa de manifest, al mateix temps, el fenomen d'una certa comercialització de l'escena catalana amb espectacles d'arrel textual; comercialització, per exemple, que trobem gradualment en els textos apareguts al projecte T-6 del TNC.

El futur del teatre català contemporani, per a mi, ara com ara, és una incògnita. I em sembla que això és bo. Si fos previsible, segurament seria pessimista, i no ho vull ser. Noms com ara Pau Miró, Càrol López, Gemma Rodríguez, Guillem Clua, Marc Rossich, Victòria Szpunberg, Anaïs Schaaff o Jordi Casanovas fan pensar en l'eclosió d'una –permeteu-me la broma– nova «generació». Quins models seguiran? Quins temes abordaran? Quines estructures productives acolliran les seves obres? Quina relació establiran amb el gran públic? Podrem parlar finalment de l'existència d'una nova dramatúrgia catalana contemporània? Què passarà amb els autors dels noranta (perquè ja m'oblido dels setanta)? Què?...

Massa preguntes per a un sol final.

Nota bibliogràfica

ARAGAY I SASTRE, Mireia (1992). *El llenguatge en la producció teatral de Harold Pinter*. Barcelona: PPU. LCT, 44.

BARKER, Howard (1997). *Arguments for a theatre*. Manchester: Manchester University Press.

BARTOMEUS, Antoni (1976). *Els autors de teatre català: testimoni d'una marginació*. Barcelona: Curial. La Mata de Jonc, 6.

BATLLE I JORDÀ, Carles (2001). «El drama relatiu». Dins: *Suite*. Barcelona: Proa. Pàg. 17-23.

BATLLE I JORDÀ, Carles (2002). «La nouvelle écriture dramatique en Catalogne: de la "poétique de la soustraction" à la littérarisation de l'expérience». Dins: *Écritures dramatiques contemporaines (1980-2000). Études Théâtrales*, núm. 24-25 (2002), pàg. 134-142.

BATLLE I JORDÀ, Carles (2005). «La realitat i el joc». *Pausa*, núm. 20 (gener), pàg. 67-74.

BELBEL, Sergi (1991). «La sortida del carrer sense sortida». Dins: BENET I JORNET, Josep M. *Desig*. València: Tres i Quatre. Teatre, 24. Pàg. 9-14.

BENET I JORNET, Josep M. (1990a). «El vent ha castigat, però no s'ha emportat l'autor». *Serra d'Or*, núm. 365 (maig), pàg. 63-64.

BENET I JORNET, Josep M. (1990b). «Introducció». Dins: BELBEL, Sergi. *En companyia d'abisme*. Barcelona: Edicions 62. El Galliner, 116. Pàg. 5-13.

CASARES, Toni (2005). «L'acció té lloc a Barcelona?». *Pausa*, núm. 20 (gener), pàg. 34-37.

CASAS, Joan (1991). «Dramaturgia contemporánea en Cataluña: la insoportable escasez de orégano en el monte». *Pausa*, núm. 9-10 (setembre-desembre), pàg. 87-90.

CASAS, Joan (2000). «El miratge de la nova dramatúrgia catalana». *Serra d'Or*, núm. 481 (gener), pàg. 34-37.

CAVALLÉ, Joan (2003). «Els nous autors i el teixit territorial». *Transversal*, núm. 21 (2003), pàg. 38-40.

FERRÉ, Teresa (2003). «Sergi Belbel i Jordi Sánchez: fragments d'una conversa…». *Transversal*, núm. 21 (2003), pàg. 30-32.

GALLÉN, Enric (2006). «Qui té por de la "generació dels premis"?». *Pausa*, núm. 23 (març), pàg. 12-15.

MÜLLER, Heiner (s.d.). «Aucun texte n'est à l'abri du théâtre». *Alternatives Théâtrales*, núm. 35-36, pàg. 12-16.

NADAL, Antoni (1998). *Teatre modern a Mallorca*. Barcelona: Publicacions de l'Abadia de Montserrat. Biblioteca Miquel dels Sants Oliver, 8.

ORDÓÑEZ, Marcos (1996). «Josep Pere Peyró: el misteri polièdric». Dins: PEYRÓ, Josep Pere. *Quan els paisatges de Cartier-Bresson*. Barcelona: Institut del Teatre. Biblioteca Teatral, 93. Pàg. 5-14.

PAVIS, Patrice (2002). «Tesis para el análisis del texto dramático». *Gestos*, núm. 33 (abril), pàg. 9-34.

PUCHADES, Xavier (2005). «Cunillé, mapa de sombras». *Pausa*, núm. 20 (gener), pàg. 16-33.

PUYO, Magda i LEY, Pablo (2003). «Teatre: la generació del "baby boom"». *Transversal*, núm. 21, pàg. 11-13.

SANCHIS SINISTERRA, José (1996). «Una poètica de la sostracció». Dins: CUNILLÉ, Lluïsa. *Accident*. Barcelona: Institut del Teatre. Biblioteca Teatral, 92. Pàg. 5-12.

SANTAMARIA, Núria (2003). «De l'olimpisme polític al drama humanitari. Notes d'una divagació apressada». *Serra d'Or*, núm. 527 (novembre), pàg. 56-59.

SARRAZAC, Jean-Pierre (1989). *Théâtres intimes*. Arles: Actes Sud.

SARRAZAC, Jean-Pierre (1999). *L'avenir du drame*. Belfort: Circé. Poche, 24.

SIRERA, Josep Lluís (1993). «Una escriptura dramàtica per als noranta (Notes de lectura)». *Caplletra*, núm. 14 (primavera), pàg. 31-48.

SIRERA, Rodolf (1977). «Les misèries de l'autor teatral». *Serra d'Or*, núm. 219 (desembre), pàg. 101-103.

SIRERA, Rodolf (2005). «Sobre por qué algunos continuamos escribiendo teatro». Dins: SIRERA, Rodolf; MAYORGA, Juan i MORALES, Gracia. *La Caverna. Animales nocturnos. Como si fuera esta noche*. Madrid: Primer Acto. El Teatro de Papel, 1. Pàg. 31-36.

VALENTINI, Valentina (1991). *Després del teatre modern*. Barcelona: Institut del Teatre. Escrits Teòrics, 1.

VILÀ I FOLCH, Joaquim (1989). «El teatre dels 80: l'esllanguiment de l'esforç». *Cultura*, núm. 5 (octubre), pàg. 38-39.

Els grups o l'altre teatre català

Mercè Saumell*

L a relació entre teatre i text dramàtic ens mostra un model històric definit de teatre institucional a Occident entre els segles XVII i XVIII, una relació basada en la reglamentació del text i de la interpretació actoral, una relació efectuada en gran mesura per tractadistes i acadèmics segons les directrius de les poètiques clàssiques. La cultura burgesa europea ha construït, per tant, una escena basada en el text dramàtic escrit, en un corpus d'obres fixades en el paper i no en l'escenari. Aquest tipus de teatre com-

---

* Mercè Saumell (Barcelona, 1961), professora de l'Institut del Teatre de Barcelona, s'ha especialitzat en la dramatúrgia no textual de grups catalans, sobretot d'Els Joglars, Comediants i La Fura dels Baus. És autora de la introducció i assessora del llibre col·lectiu *La Fura dels Baus. 1979-2004* (2004). El 2006 va publicar *El teatre contemporani.*

porta un model de ficció tancat en què el text dramàtic garanteix en darrer terme la seva significació. Per tant, un bon text dramàtic és sinònim de bon teatre, idea encara molt present en els nostres dies, més enllà de la posada en escena. Ens agradaria, però, citar unes paraules del director polonès Tadeusz Kantor: «Crec que la confusió entre teatre i literatura és la clau de l'actual crisi creativa del teatre» (Kantor, 1984: 277).

Relacions de poder: l'escena i la paraula

Des del final del segle XIX, i per alleugerir aquesta jerarquia respecte al text dramàtic, sorgeix la figura moderna del director escènic, que aviat esdevindrà coautor en rellegir i interpretar, segons el seu criteri, el text dramàtic. La figura del director professional arriba tard a l'estat espanyol i a Catalunya. De fet, Adrià Gual (1872-1943) i, especialment, Cipriano Rivas Cherif (1891-1967), director que va treballar habitualment amb Margarida Xirgu durant els anys trenta del passat segle, seran les úniques figures comparables a les dels seus coetanis europeus. Una mancança històrica que encara donarà més preeminència al text escrit al nostre país.

Paradoxalment, però, la institucionalització creixent en què està emplaçat el teatre europeu actual (i també el català des de la creació del Centre Dramàtic de la Generalitat el 1981) ha deixat a l'ombra un dels fenòmens més genuïns i legítims de la nostra creació escènica: el treball dels grups.

Els grups catalans de dramatúrgia no textual formen una llarga nòmina que inclou trajectòries diverses i estètiques singulars.

Alguns estan formats a l'entorn d'un nucli de persones i en d'altres ressalta el segell creatiu d'una personalitat molt concreta, tot i que sempre es destaca el treball en equip.

En citarem uns quants al llarg d'aquest article: Els Joglars, Comediants, Albert Vidal, Teatre Metropolità, Companyia La Claca, Sèmola Teatre, El Tricicle, Teatre del Rebombori, La Fura dels Baus, Curial Teatre, Vol.Ras, Zotal, La Cubana, La Bohèmia, Pigeon Drop, Dram Bakus, Bufons, Pep Bou, Teatre de la Brume, Carles Santos, Los Los, Teatre de Guerrilla, Roger Bernat, Marcel·lí Antúnez, Kònic Teatre... Tots ells comparteixen una escriptura dramàtica sorgida des de la immediatesa dels assaigs, des de la concreció d'un espai-temps, des del cos de l'actor com a mitjà de comunicació amb el públic. Reflecteixen postures vitals, creatives i, a vegades, destacadament i descaradament lúdiques i provocatives.

Aquest teatre de dramatúrgia no textual posa en dubte la preponderància de la paraula escrita i, si la utilitza, ho fa en funció d'un treball dramatúrgic que l'agermana amb els altres llenguatges escènics (espai, gest, llum, so...), aquells que poden expressar-se més enllà de les paraules. S'acaba la jerarquia basada en el text dramàtic per arribar a una convivència plural, no exempta de contradiccions i conflictes.

Encara hi ha, però, la consideració de la superioritat del text dramàtic editat per sobre del muntatge teatral (i, en el seu defecte, del seu enregistrament videogràfic o cinematogràfic). Al nostre entendre, ambdós són igualment valuosos, ambdós formen part del nostre patrimoni historicocultural. En aquest sentit, ens agradaria constatar l'enorme influència d'espectacles no textuals com *Mary d'Ous* (1972) d'Els Joglars, *Dimonis* (1981) de Comediants, *L'home urbà* (1983) d'Albert Vidal, *Suz/o/Suz* (1985) de La Fura dels Baus, *In Concert* (1988) de Sèmola Teatre, o *Cegada de amor* (1994) de La Cubana en l'àmbit de la creació catalana, espanyola i internacional. En aquest sentit, la visió d'alguns d'aquests espectacles o, si més no, el seu estudi mitjançant la reproducció videogràfica, ha nodrit els futurs creadors escènics a casa nostra.

A més, en el cas de Comediants, La Fura dels Baus i La Cubana, principalment, es pot resseguir el seu ascendent en grups posteriors nascuts a Itàlia, França, Gran Bretanya, Estats Units, Brasil, Argentina o Colòmbia. Un exemple recent ho il·lustra: la posada en escena de *Nuts Coconuts* (2005) en el darrer Festival d'Edimburg, una recreació de *Cómeme el coco, negro* (1988), de La Cubana, interpretada aquest cop per actors britànics sota la direcció de Jordi Milán. No es volia posar de nou en escena el text, hom treballava per recuperar l'acció, el *tempo* i el gest del muntatge original. Per tant, l'obra no és el text, sinó l'escenificació *per se*.

Com assenyalàvem abans, tots aquests grups tenen una autoria pròpia basada en els anys de tempteigs i representacions davant del públic amb un nucli de persones, més o menys estable, que comparteixen un seguit de plantejaments estètics i ètics. En aquests grups destaca la figura del dramaturg/director que genera unes situacions pensades per a uns actors concrets i còmplices, unes idees inicials que es van reelaborant durant els assaigs. Aquest funcionament és el que legitima els grups teatrals, grups que protagonitzen en gran mesura la creativitat escènica catalana contemporània.

Llums

Als anys seixanta, una característica d'aquest tipus de produccions teatrals grupals era el caire sintètic: música, mim, *clown*, manipulació de titelles i objectes... que contrastava amb la unitat estilística del teatre comercial del moment. A més, altres elements que el diferenciaven i el convertien en alternatiu eren els trets irreverents, col·lectius, improvisatoris, espontanis i, alhora, també tòpics, que no eren usuals en les produccions més consolidades. Com a constant, aquests grups rebutjaven la parafernàlia del teatre realista que per a ells anava indissolublement vinculada als escenaris consagrats.

I, certament, molts d'aquests grups van portar a l'escenari la vitalitat d'una nova època, el goig de la imaginació i el dret a la transgressió. Entendre el teatre com a joc, amb un fort sentit d'immediatesa. A més, aquests col·lectius reivindicaven la pertinença a un grup si fa no fa estable de persones (establilitat alterada per la mort d'alguns dels membres, per la reorientació professional d'altres o àdhuc per problemes de pura convivència o de lideratge) davant d'un sistema de treball molt més fluctuant i jeràrquic (primer actor, secundaris...), d'actors contractats per un temps determinat, dins d'un sistema laboral propi d'un teatre més institucional.

Algunes de les formacions citades van començar a qüestionar-se ben aviat la conveniència o no del seu caire alternatiu dins del panorama teatral català. Amb l'eclosió del teatre de carrer en la dècada dels setanta, es va ampliar el públic, que va guanyar un bon nombre d'espectadors no habituals, i això va generar una actitud de treball per a públics multitudinaris, una voluntat que es consolidarà als vuitanta amb l'accés d'alguns d'aquests col·lectius a la producció de sèries televisives (Els Joglars, Comediants, El Tricicle, La Cubana...).

En el procés de professionalització, algunes companyies van canviar els procediments de treball. La naturalesa col·lectiva també responia a una prevenció respecte a la individualització de l'anomenat *star syndrome* del teatre empresarial del tardofranquisme. Així, els grups es volien comprometre en una creació col·lectiva i democràtica, amb la voluntat d'escapar de la concepció del creador individual del teatre comercial. No solament les idees eren escrutades, discutides i corregides per la companyia sencera, sinó que tot el procés de gestació es basava en aquesta constant confrontació. Paradoxalment, aquest ultraigualitarisme va redundar, de manera freqüent, en una individualització més gran.

En efecte, en la pràctica, les personalitats més rellevants van dominar els grups. Gairebé sempre es tractava d'homes joves que van assumir les funcions de dramaturg/director. Per altra banda, el mètode de treball col·lectiu podia crear antagonismes i reduir els arguments de discussió al nivell de diferències personals que podien acabar en escissió o en la marxa d'una o dues persones de la companyia. En les biografies grupals d'Els Joglars, La Fura dels Baus, Vol.Ras o La Cubana, entre d'altres, en podríem trobar exemples.

Quant al fet escènic, aquestes característiques de creació grupal es tradueixen en una reivindicació del present mitjançant el trencament d'una linealitat narrativa (especialment, en les dècades dels setanta i vuitanta, quan els espectacles naixien a partir de les inquietuds i quimeres sorgides en les entranyes del col·lectiu).

Se subratlla, per tant, la importància de l'espai i dels cossos a escena, la trobada amb altri, el contacte físic i palpable. A més, aquesta consciència d'un present altament intens (i d'alt voltatge físic en el cas de La Fura dels Baus, Sèmola Teatre o la Cia. Carles Santos) implica alhora un nou rol per a l'espectador. En poques ocasions, aquests grups utilitzen la quarta paret. Si ho fan, per exemple, en el cas d'Els Joglars, podem trobar una escena distanciada però dinamitzada alhora per personatges mediadors com ara presentadors o conferenciants que estableixen una complicitat directa amb el públic o, en el cas de La Cubana, que sovint combina el treball d'escenari amb el de platea, per mitjà de formes populars heretades de la revista o del *music-hall* (el que anomenaríem un treball de pista, de camuflatge d'actors entre el públic, etcètera).

I, si en el cas català, aquest vigor dels grups es pot relacionar clarament amb un fet històric (la recuperació de la democràcia l'any 1975 després de quaranta anys de dictadura), també és cert que cal emparentar-la amb tot un sentiment internacional de valoració del plaer com a mecanisme d'emancipació i creació, d'un desig i una passió creativa que ja no va necessàriament de la mà de la iconoclàstia de les avantguardes històriques.

El pensament dels anys seixanta (Wilhem Reich, Roland Barthes...) dóna entrada a termes tan denostats pels dogmatismes (inclòs el marxisme) com plaer, emoció, erotisme... En el món teatral, l'estètica de la crueltat propugnada per Antonin Artaud es revela com un factor engendrador i alliberador. A aquestes referències, caldria afegir-hi la valoració creixent de l'oralitat en aquells anys (idea ja propugnada pel pensador Antonio Gramsci) com una de les manifestacions verídiques de la cultura popular, resistent al poder, en una època en què la paraula comença a perdre els privilegis davant de l'ascens imparable de les imatges i de les telecomunicacions que posen en un primer terme el cos i l'acció (recordem que l'assaig *La societat de l'espectacle*, escrit per Guy Débord, considerat profètic en l'actualitat, data de l'any 1967).

Ombres

La crítica teatral de les darreres dècades i l'encara minsa historiografia teatral catalana i espanyola (més basada en l'estudi del text dramàtic que en el fet teatral, tret d'excepcions com la de l'estudiós Xavier Fàbregas o la del periodista Santiago Fondevila) sovint han considerat la tasca d'aquests grups només des de la militància política antifranquista, com el fruit d'un període molt concret que coincideix amb els anys de la Transició (l'anomenat «teatre independent» / «teatro independiente»), més que des d'uns paràmetres teatrals. Tampoc no era infreqüent un cert matís paternalista o fins i tot folklorista (sobretot quant al teatre festa i les propostes de carrer de Comediants o d'altres formacions), o potser era entès com un teatre interí que calia suportar, una espècie de febre juvenil postfranquista, inevitable abans del desitjat retorn de la paraula, del «seny», i de l'esperada resurrecció de l'autor dramàtic català, de l'arribada d'un nou Guimerà.

En aquest sentit, cal recordar els primers èxits d'un jove dramaturg, Sergi Belbel, al final dels anys vuitanta, molt ben acollits per les institucions, èxits paral·lels a la recuperació de Josep Maria Benet i Jornet, un autor que va iniciar la carrera professional els anys del teatre independent i un dels pocs que ha pogut estrenar amb assiduïtat des dels vuitanta fins avui.

Si féssim un seguiment en les hemeroteques per tal d'examinar les programacions, resultaria notable l'hostilitat dels teatres institucionals (Generalitat, ajuntaments), durant les dècades dels vuitanta i noranta, respecte a aquests col·lectius de teatre gestual i, en general, a les propostes de dramatúrgies no textuals (entre les quals també figurarien el teatre de titelles i objectes, els espectacles de neocirc, etcètera). Curiosament, però, la implicació d'alguns d'aquests grups en els Jocs Olímpics de Barcelona 1992, mitjançant el disseny de les cerimònies olímpiques, d'un ressò mediàtic incomparable, protagonitzades per La Fura dels Baus (obertura) i Comediants (cloenda), va disparar el prestigi internacional d'aquest tipus de dramatúrgia catalana arreu (fet repetit, a petita escala, amb motiu del Fòrum 2004 de Barcelona). Sense oblidar que des de la professionalització d'Els Joglars, el 1966, la presència d'aquests grups en el panorama de festivals internacionals ha estat constant i anhelada, tant a Europa com a Amèrica.

Però busquem algunes de les causes d'aquesta hostilitat mencionada més amunt. Sens dubte, el plantejament grupal comportava una aproximació inusual al fet teatral, els grups eren els hereus de les antigues *troupes*, del teatre popular, sovint del teatre de comarques i, d'altra banda, es relacionaven amb les pràctiques trencadores i contraculturals urbanes sorgides a partir dels anys setanta, com ara les *performances*, el *body art*, l'art d'acció, l'art de carrer, les instal·lacions plàstiques... que van tenir cert protagonisme durant aquella dècada amb iniciatives com Art al Carrer (Granollers, 1971), Art Concepte (Banyoles, 1973), el

Primer Congrés Internacional de Happenings (Granollers, 1976) o Brutal Performance (Barcelona, 1979).

Rspecte a la relació grups/comarques, creiem adient recordar en aquest punt l'origen d'alguns dels grups més rellevants: Els Joglars (Barcelona / Osona), Comediants (Barcelona / Maresme), La Fura dels Baus (Moianès / Barcelona), La Cubana (Garraf / Barcelona), Sémola Teatre (Osona), Zotal (Vallès Oriental), Curial Teatre (Maresme), etcètera.

Però els grups resultaven incòmodes políticament perquè a les institucions els eren més convenients els creadors individuals (el gran actor, el director de prestigi, l'autor del moment, la jove promesa...). Certament, no es pot negar el protagonisme, en tots els àmbits, d'Albert Boadella en Els Joglars, ni de Joan Font respecte a Comediants o de Jordi Milán pel que fa a La Cubana. Però també és certa la vàlua de l'aportació d'actors, tots ells amb una gran capacitat per treballar a partir de la improvisació com a metodologia actoral creativa. Recordem els esplèndids treballs de Ramon Fontserè, Pilar Sáenz, Jesús Agelet... (Els Joglars); Jaume Bernadet o Ton Gerona... (Comediants); Mont Plans, Mercè Comas, José Corbacho... (La Cubana). O àdhuc l'aportació creativa de tècnics com Jordi Costa (Els Joglars) o Joan Segura (Comediants), contribucions primordials en la trajectòria d'aquestes companyies i sense les quals els resultats estètics no haurien estat possibles. Una nòmina a la qual caldria afegir igualment la contribució dels escenògrafs: Iago Pericot, Fabià Puigserver i Santi Ibáñez «Dino» en el cas d'Els Joglars o Juanjo Guillén respecte a Comediants.

Sense oblidar les col·laboracions amb creadors i professionals d'àmbits extrateatrals. En aquest capítol, destaca el treball continuat de La Fura dels Baus amb l'escultor Jaume Plensa, els video-artistes Franc Aleu i Emmanuel Carlier, l'enginyer robòtic Roland Olbeter o l'informàtic Sergi Jordà; a més de col·laboracions concretes amb els arquitectes Enric Miralles-Benedetta Tagliabue o els cineastes Manuel Huerga o Fernando León de Aranoa. També és destacable la col·laboració amb gent de cinema per part de La Cubana, en la seva producció *Cegada de amor* (1994), de gran sofisticació tècnica, que va comptar amb la participació de Fernando Colomo en la realització i de Joaquim Oristrell en el guió.

Amb la perspectiva històrica que ens atorga el temps, és curiós constatar com la participació d'aquests col·lectius, i atès el seu ressò internacional, ha estat ocasional dins dels processos d'institucionalització teatral del país (Teatre Nacional de Catalunya, Teatre Lliure, Gran Teatre del Liceu...), com a companyies convidades, de producció o de coproducció esporàdiques o bé com a participació professional d'alguns dels seus membres (normalment, a través de la figura del director, com Albert Boadella o Joan Font). Però, a hores d'ara, cap d'aquestes companyies té un espai d'exhibició propi, fet que contrasta amb altres realitats europees: grups que disposen d'un espai públic subvencionat. Posem dos exemples generacionals, vinculats al teatre politicopopular (la mateixa generació d'Els Joglars) i a l'anomenat *wild theatre*, teatre urbà i salvatge (equiparable a l'estètica de La Fura dels Baus). El primer seria el d'una companyia veterana com la francesa Théâtre du Soleil (1964) que, des de la dècada dels setanta, gestiona i programa l'espai La Cartoucherie, a Vincennes; el segon estaria representat pel grup britànic Forced Entertainment, nascut a Sheffield el 1984 que, amb subvencions de l'Art Council, treballa i estrena en l'espai teatral estable Workstation, una antiga nau industrial, situada en la mateixa ciutat anglesa.

Creiem, en definitiva, que aquests grups han arriscat estèticament (i sovint econòmicament com a empreses, al marge de rebre –poc o molt– subvencions de les institucions) i que, dins del nostre panorama teatral, han estat els creadors més desperts quant a reflectir la nostra cultura actual mediàtica, en què la paraula queda amalgamada amb altres elements escènics com el cos, l'acció i la tecnologia en un joc plural de contrastos.

A l'inici era el mim...

La renovació teatral contemporània, inclosos el mim i el teatre gestual, va arribar a l'estat espanyol a través de Catalunya. Tal com succeïa en altres àmbits culturals, durant la darrera etapa del franquisme, París va esdevenir per a molts catalans del món teatral un model cultural i també una ciutat on créixer professionalment. Mim i cantautor eren dos mots amb clares referències parisenques, sense oblidar el famós qualificatiu de la *gauche divine* que definia tot un sector cultural barceloní que volia equiparar-se a la modernitat europea. Justament, Oriol Regàs, un dels protagonistes d'aquest moviment i ànima del cèlebre local Boccaccio, va impulsar el mim en programar aquest tipus d'espectacle dins del Memorial Xavier Regàs que se celebrava cada tardor al Teatre Romea (on els espectadors barcelonins van poder veure, per exemple, *Teatre de màscares i moviment*, una proposta de diversos esquetxs de gran rigor tècnic portada a terme per uns joves Albert Vidal i Cee Booth l'any 1969).

També els tres grans introductors del mim a casa nostra, Anton Font i Albert Boadella (ambdós fundadors d'Els Joglars) i Albert Vidal van formar-se a la capital francesa. A aquesta atracció cap a Europa i al desig d'innovació, cal sumar-hi que la censura teatral franquista va perdurar fins al 1977, dos anys més tard de la mort del dictador. I, en aquells moments, el mim, art silent, consentia una més gran complicitat amb els espectadors a partir d'un nou llenguatge farcit d'accions i moviments amb dobles i triples sentits.

A més, per a tota una generació de joves actors vinculats a cercles d'esquerra i de renovació cultural com la Nova Cançó, que no volia fer teatre en castellà o desplaçar-se a Madrid (com ho feren actors de la generació anterior, com ara Adolfo Marsillach, Josep Maria Pou o Núria Espert, entre d'altres), o bé adaptar-se a un teatre català més convencional, el mim representava, de fet, un camp d'experimentació escènica, una oportunitat d'atrevir-se amb noves estètiques i, alhora, una possibilitat d'eixamplar fronteres (recordem que serà freqüent la presència d'aquests grups catalans en festivals internacionals des dels setanta).

Amb la perspectiva que proporcionen els anys, podem dir que Catalunya va generar un teatre de grup singular, tot evolucionant del mim clàssic fins a un teatre gestual pioner a escala internacional. *El joc* (1970), d'Els Joglars, ja sota la direcció d'Albert Boadella, serà potser l'espectacle que iniciarà aquesta tendència en abandonar els clixés gestuals del mim blanc de Marcel Marceau i encaminar-se cap un teatre amb manipulació d'objectes reals, sons i fins i tot paraules. *El joc* va estrenar-se al Teatre Capsa de Barcelona i seguidament va iniciar una gira per diverses ciutats espanyoles, Polònia, Iugoslàvia i l'antiga República Federal d'Alemanya. Precisament, l'espectacle va aconseguir un alt reconeixement de la crítica internacional durant la presentació en el Festival de Frankfurt, una actuació que va merèixer els elogis del mestre Jacques Lecoq i el patrocini del prestigiós productor holandès Risaert Ten Cate per al següent espectacle del grup català: *Cruel Ubris* (1972).

Paral·lelament, el mim va començar a ensenyar-se a Barcelona en escoles com l'Adrià Gual, Estudis Nous o El Timbal, escola d'Anton Font, exJoglar i deixeble de Marceau, d'on sorgí el grup Teatre del Rebombori seguint l'estètica del mestre francès. A més, a partir del 1970, i sota la nova direcció d'Hermann Bonnín a l'Institut del Teatre, cal assenyalar l'arribada de tres professors polonesos, de l'escola d'Henryk Tomaszewski, destacable pel seu concepte atlètic del mim, que crearen l'Escola de Mim i Pantomima. Així, després de la seva actuació al Teatre Poliorama, alguns dels membres del Teatre Nacional Polonès de Pantomima de Wroclaw van decidir quedar-se a Barcelona com a docents. En efecte, Pawel i Irene Rouba i Andrej Leparski formaren un bon nombre de futurs actors gestuals del teatre català com Paco Mir, Joan Gràcia i Carles Sans (El Tricicle), Joan Faneca, Joan Cussó i Joan Segalés (Vol.Ras), Jürgen Müller (La Fura dels Baus), Christian Atanasiu, Gemma Beltrán, Lluís Graells, Gilbert Bosch...

Estudiar i fer espectacles de mim estava de moda en la Barcelona dels anys setanta i inicis dels vuitanta. Una moda a la qual també contribuïren mims estrangers que mostraren els seus espectacles amb gran èxit i que, en el cas del britànic Lindsay Kemp (el seu polèmic *Flowers* va presentar-se al Teatre Romea i al contracultural Saló Diana) i del nord-americà Stewy (el seu espectacle unipersonal *Juan Salvador Gaviota* va mantenir-se al Teatre Regina durant mesos en cartellera), també desplegaren una intensa activitat com a mestres de tècniques de mim durant anys a la ciutat. Tanmateix, en la programació i promoció de joves actors i actrius gestuals van ser decisius espais alternatius com L'Angelot o El Llantiol, veritable escenari trampolí de companyies tan populars com El Tricicle, Vol.Ras o els espectacles visuals de Pep Bou, que feren els primers passos intercalant les seves actuacions amb les de l'iconoclasta *clown* Jango Edwards o les del sofisticat mestre de cerimònies Flip.

Finalment, als ja citats ascendents de Marcel Marceau i el seu mim clàssic i el dels polonesos de l'Institut del Teatre, cal sumar la poderosa influència del mestre francès Jacques Lecoq en el teatre gestual català. D'aquesta manera, a la seva escola parisenca, s'hi han forjat grans professionals de la nostra escena, alguns d'ells han continuat treballant en el món del gest, mentre que d'altres han tendit al teatre de text. Són Albert Vidal, Joan Font, director de Comediants, i dues de les actrius fundacionals d'aquesta companyia, Anna Lizaran i Imma Colomer. Però també han estat deixebles de Lecoq molts actors i actrius de generacions posteriors tals com Toni Albà, Sergi López, Berty Tovías, Helena Pla, Clara del Ruste, Jordi Purtí, Pep Bou, Pepa López, Albert Jaén i un llarg etcètera.

A aquestes influències caldria afegir la incorporació del recorregut de gest en l'especialitat d'Interpretació en els estudis oficials de l'Institut del Teatre des del curs 1994-1995. Els alumnes que es decanten per aquesta opció, que s'imparteix íntegrament a la seu de Terrassa, reben una educació d'actor gestual al llarg dels quatre anys de durada de la carrera. Professionals com ara

Ton Muntané, Víctor Alvarado o Sandra Márquez són ja testimonis d'aquesta continuïtat en la tradició dels actors de gest catalans.

Tecnologies

Com ja hem apuntat abans, són aquests grups els que realitzen a casa nostra una experimentació constant amb les noves tecnologies aplicades al món escènic i no solament com a suport espectacular sinó com a llenguatge creatiu. En aquest sentit, des del 1992, La Fura dels Baus és un grup pioner a escala internacional. La seva irrupció en el món de l'òpera ens n'ha donat magnífics exemples: *L'Atlàntida* (1996), de Manuel de Falla – Jacint Verdaguer – Josep Maria Sert – Jaume Plensa – La Fura dels Baus n'és una mostra emblemàtica. En efecte, la força de les imatges virtuals mostrades en la pantalla gegant, el joc presencial dels cantants i actors, els grans objectes coreografiats sobre l'escenari, i la façana real de la catedral de Granada com a teló de fons (tal com ho va pensar l'arquitecte Sert en el projecte escenogràfic del 1936, avortat per la guerra civil) formaren un conjunt en perfecte equilibri entre humanisme i tecnologia. Una fórmula continuada pel mateix col·lectiu La Fura dels Baus en *La damnació de Faust* (1999), de Berlioz, estrenada al Festival de Salzburg, o en *La flauta màgica* (2005), de Mozart, presentada al Théâtre de la Bastille de París.

En la dècada dels noranta, La Fura dels Baus ha mirat cap al teatre digital que defineix en el seu Manifest Binari: «la suma d'actors i bits 0 i 1 que es desplacen per la xarxa». És a dir, l'escena esdevé interactiva en compartir espais reals i virtuals (pantalles gegants, 3D, transmissió en directe de missatges sms...). En els seus darrers espectacles de sala tancada, com ara *Ombra*, *F@usto 3.0*, *XXX* o *Metamorfosis*, el grup explora la composició escènica tradicional del teatre occidental, l'escena en perspectiva en convivència amb el format cinematogràfic i televisiu (*zooms* a través de la il·luminació o de projeccions fragmentades, apunts de *reality shows*...). Alhora, La Fura dels Baus juga amb una transposició a l'actualitat dels llocs on es desenvolupa l'acció. A *F@usto 3.0*, la taverna d'Auerbach, on Goethe mostrava Faust i Mefistòfil als bevedors, esdevé un *after hours* poblat de *drag queens* i altres criatures nocturnes. Hi ha un interès en aquesta proposta per interrelacionar actors virtuals i actors presencials, fet que proporciona al muntatge una complexa dramatúrgia (desdoblament del jo de Faust, per exemple, entre la pantalla i l'escenari, que permet a l'espectador copsar visualment la lluita del personatge dins de la millor tradició de la dualitat romàntica) que coincideix, a més, amb la manipulació temporal de l'original de Goethe.

Tot i que no és habitual associar el grup La Cubana amb tecnologia punta, ens agradaria fer esment del seu espectacle *Cegada de amor* (1994) com un autèntic referent internacional en aquest sentit: una excel·lent combinació entre imatge teatral i imatge cinematogràfica portada a terme mitjançant una sofisticació tecnològica admirable (contrabalançament de so i llum, *raccord* entre els moviments filmats i els moviments escenificats dins d'una coreografia meticulosa, etcètera). Aquest espectacle, que va estar més d'una temporada al Teatre Tívoli de Barcelona, va girar després per diverses ciutats de la península i va triomfar al

Festival d'Edimburg de 1997, seria un bon exemple de coalició entre subtilitat tecnològica i teatralitat popular. El film que es projectava en la pantalla, protagonitzat per la rossa Estrellita Verdiales, va realitzar-se als Estudis Gala del Poble Nou seguint l'estètica dels films franquistes de «niñas prodigio» dels anys cinquanta. La posada en escena, una mena de pel·lícula en tres dimensions, narrava simultàniament l'acció filmada i en l'escenari gràcies a un dispositiu de pantalla en segments que permetia als actors entrar i sortir amb tota facilitat a partir dels seus personatges enregistrats, fet que augmentava la teatralitat de la proposició. Com remarca Maria Delgado, *Cegada de amor* no és una fusió entre teatre i cinema, sinó una proposta de *trompe-l'oeil* que espectacularitza l'encontre entre tots dos llenguatges (Delgado, 2003: 251).

El risc que comporten aquestes posades en escena amb un alt protagonisme tecnològic de La Fura dels Baus, Marcel·lí Antúnez, La Cubana o Carles Santos, per la complexitat de producció i execució, a banda de la ja esmentada inseguretat econòmica pal·liada només per les llargues gires precontractades, tant nacionals com internacionals, que els permeten la continuïtat com a empreses teatrals, són fruit d'aquell esperit que assenyalàvem a l'inici de l'article: la iniciativa d'uns creadors grupals. Des del 1975, el camí ha estat llarg però fèrtil, el gran interrogant és saber qui prendrà el relleu d'aquestes companyies ja llegendàries.

Com a conclusió, caldria apuntar que aquests grups (tal com ja hem assenyalat abans, avui companyies subvencionades, en major o menor grau, per les institucions) sorgits des dels anys seixanta, han generat una considerable llibertat d'experimentació escènica fora de les pressions comercials. Tot i que des del 1992, com a data emblemàtica, la reducció d'aquests subsidis públics respecte del cost creixent de les produccions, sumada a l'esgotament creatiu de la majoria d'aquestes companyies, hagi fet que criteris propis de la comercialitat, de pur mercat, hagin començat a dominar les metodologies de treball i els espectacles. Un fenomen, aquest, extensible a les companyies independents i populars d'altres països com Itàlia, França o Gran Bretanya. El nostre temps és impossible per a aquest tipus de teatre?

Nota bibliogràfica

CORNAGO, Óscar (2005). *Resistir en la era de los medios. Estrategias preformativas en literatura, teatro, cine y televisión.* Madrid: Iberoamericana / Vervuert. La Casa de la Riqueza, 8.

DARLEY, Andrew (2002). *Cultura visual digital. Espectáculo y nuevos géneros en los medios de comunicación.* Barcelona: Paidós. Paidós Comunicación, 139.

DELGADO, María (2003). *«Other» spanish theatres.* Manchester: University Press.

DORT, Bernard (1988). *La représentation émancipée.* Arles: Actes Sud. Le Temps du Théâtre.

GOLDBERG, Rose Lee (1998). *Live art since the 60s.* Nova York: Thames & Hudson.

HERNÁNDEZ, Domingo (2003) (ed.). *Arte, cuerpo, tecnología.* Salamanca: Ediciones Universidad. Metamorfosis, 5.

KANTOR, Tadeusz (1984). *El teatro de la muerte.* Buenos Aires: Ediciones de la Flor.

LEABHEART, Thomas (1989). *Modern and postmodern mime.* Londres: McMillan.

SÁNCHEZ, José A. (1999). *Dramaturgias de la imagen*. Cuenca: Universidad de Castilla-La Mancha. Monografías, 16.

SAUMELL, Mercè (1996). «Performance groups in Catalonia». Dins: GEORGE, David i LONDON, John (cur.). *Contemporary catalan theatre*, vol. IX. Sheffield: The Anglo-Catalan Society Occasional Publications.

El teatre sota control[*]

Iago Pericot[**]

Explosió de noves vies

C ap al 1975, després de quaranta anys de censura dictatorial, de la necessitat de dir coses i de comprometre el públic en la necessitat d'escoltar i de mirar, la gent estava com erma de cultura i teatre. La urgència era molt forta. Es pensava més en el receptor que no pas en l'emissor i s'intentava de mirar aspectes

* Aquest article és fruit de la transcripció i edició d'una llarga conversa que els coordinadors del volum van mantenir amb Iago Pericot el 8 de febrer de 2006, a l'Institut del Teatre de Barcelona.

** Iago Pericot (el Masnou, 1929), pintor, escenògraf i director. Entre els seus espectacles destaquen: *Rebel Delirium* (1977), *Simfònic King Crimson* (1980), *Bent* (1982), *Mozartnu* (1986), *El banquet de Plató* (1990) i *Il mondo della luna* (2004). Actualment és professor emèrit de l'Institut del Teatre de Barcelona.

del teatre que fins aleshores havien estat prohibits. Per altra banda, no hi havia espais. No és que vulgui parlar de mi mateix, però n'he oberts molts, d'espais teatrals: el Metro, la Casa de la Caritat, etcètera. Hi havia una necessitat d'obrir espais, fins i tot que no fossin estrictament teatrals, reservats a altres funcions. Hi va haver, en definitiva, tota una explosió de noves vies que van conduir, al cap dels anys, a la institucionalització del teatre –política cultural– i a la industrialització del teatre comercial.

Aquesta necessitat de dir coses s'ha anat perdent amb el temps, perquè no es té en compte l'altre. Com a director, em puc plantejar de posar en escena *Lucrècia Borja*, però abans m'he de rumiar si interessa a algú. Si no, no tinc el dret de fer-ho, ni de gastar temps, ni diners, ni gent. Abans no s'actuava així. Hi havia tanta necessitat que les coses funcionaven diferent. És veritat que, des del punt de vista de política teatral, s'ha consolidat la professionalització en tots els aspectes: interpretació, direcció, dramatúrgia, direcció artística, etcètera. És un valor indiscutible, també, la tasca continuada i progressista de l'Institut del Teatre, encara que hagi tingut defectes i virtuts en diferents èpoques. I ja des de l'època d'Hermann Bonnín, en què –tot i que estava prohibit de fer qualsevol cosa que sortís de la norma establerta per Franco– s'emprenien experiències interessants. Teníem un contrari extraordinari i potent, de manera que l'oposició constant ens incentivava. Només que t'aixequessis al matí i pensessis, ja anaves contra les lleis franquistes; només per pensar, que és el que ara torna (tot i que no vull posar-me dramàtic).

La necessitat d'expressar les opinions i els sentiments en llibertat es trobava de manera especial en el teatre, que va directament al poble. Els que pensàvem lliurement havíem d'explicar coses que els altres ni podien somniar. Era el cas d'Albert Boadella als seus inicis, a *Mary d'Ous*, per exemple (res a veure amb ara, que ha confós la ficció amb les seves idees polítiques i ho ha barrejat tot). La prohibició de la censura era constant, i hi havia un doble joc interessant: fins on es podia arribar abans que la censura no actués? La gent sabia llegir entre línies, el subtext era conegut. D'aquesta manera, l'espectador era còmplice perquè sabia que tu volies dir una cosa que estava prohibida i que tenies els pebrots de dir-la. Ara no passaria, això. Aquest joc era fantàstic. I s'ha perdut. Per exemple, tot el teatre que he fet jo, ara seria gairebé impossible de fer. Un espectacle sobre l'homosexualitat, *Rebel Delirium*, que és un judici, al túnel del metro de l'estació de Sant Antoni, amb col·loqui després, cada dijous, on tota la gent que venia plorava en veure per fi aquest dret a la llibertat d'orientació sexual, avui, no el veig possible. Tenim la censura ficada a dintre. A poc a poc, va entrant i és una censura subliminal, molt perillosa.

Es podria establir un paral·lelisme entre les conseqüències de la institucionalització constant dels estaments teatrals i la desarticulació dels artistes, cada vegada menys compromesos. Un director d'ara amb un d'abans no té gaire a veure. Avui la gent busca un lloc fix per treballar i estar tranquil. Per contra, fins al 1977, la gent estava compromesa. L'Adrià Gual, mogut per Ricard Salvat, era un centre de reunió molt important. A la cúpula Coliseum, hi era tothom i s'hi experimentava en tots els camps. Recordo una nit fantàstica que vam passar en blanc parlant amb Pasolini. I és que el teatre ha estat com una casa de putes: mentre es realitzés tancat a dintre, es feia el que es volia, però sense sortir a fora (com ara, amb les putes, que no saben què fer-ne). Tota la gent estava molt compromesa, des del PSUC fins als convergents, estaven al costat nostre, tots estàvem a dintre, perquè hi havia un objectiu molt important: sortir a fora i explicar totes les nostres coses. Llavors, les autoritats es van adonar que, si sortien a fora, allò era perillós, i no interessava, com va passar amb el *Kux my lord* (1970) que, per la senzilla raó que podia ser un caldo de cultiu, la van prohibir.

Es fa difícil d'entendre que allò que era descontrolat abans del 1975 –perquè podíem fer teatre allà on volguéssim i la gent venia perquè dèiem coses que els interessava–, que era com mig secret, dut a terme fins en cases particulars, que era atractiu perquè s'estava en un context de prohibició, i la prohibició estimula a pensar com s'hi pot anar en contra. Aquesta concepció era molt general en el món del teatre. Quan això es talla –s'acaba el franquisme–, s'obre el pastís, i en surten perjudicades les qüestions artístiques. L'art en general no pot estar tan absolutament controlat. No són necessaris ni ministeris, ni departaments de cultura. I és perquè hom accepta que, dins del control, hi pot viure bé, i pot fer el seu teatre, tot i que limitat, perquè, per exemple, ara només estem vivint de reproduccions i sense Jacques Derrida poques coses veuríem de renovació.

Posteriorment, tothom s'ha amotllat i aquesta professionalitat, que era més dispersa en temps de Franco i els anys següents, va arribar, finalment en forma de Teatre Nacional, de Teatre Lliure, de sou... Sempre ha passat. Als EUA, al Living Theater, també li va passar. La gent s'ha acostumat a anar al teatre oficial i, en canvi, el teatre oficial no té interès. Fins i tot, s'hi està perdent el temps perquè, si no hi hagués Shakespeare, estaríem perduts; hauríem de tancar els teatres. Si es treu Strindberg o Shakespeare o altres clàssics de la cartellera, se'n va tot a rodar. Anem vivint d'això, només. No s'ha de tenir cap respecte als grans monstres literaris. Cap ni un. Shakespeare va fer unes obres; tu en pots fer el que vulguis. Ja són patrimoni mundial. Sort que Heiner Müller, amb el seu *Hamlet-machine* i la seva obra, ha generat una eufòria arreu.

Tanmateix, el teatre ha entrat en una indústria, que és una societat limitada –famílies, gent que s'aferra al poder i fa que no hi entri ningú més–. I això és el que l'està perjudicant. O s'obren les portes, i entren tota una sèrie de problemes del món actual, o l'art escènic va perdent l'interès. És més, què té a veure això amb *Terra baixa* o amb el *Mikado*, si amb la globalització i Internet es pot fer un espectacle i tenir sis milions de persones receptores? No hi té res a veure. Som un país on la nostra cultura és molt reduïda i hem de defensar-la amb les dents –no he fet mai un teatre amb un mot en espanyol–. Ara bé, hem d'entendre que és un poble reduït i petit, i la llengua no és gaire extensa, però hi ha els mateixos problemes que hi pot haver a la Xina o als EUA perquè ens fan participar de tots els esdeveniments d'arreu del món per petits que siguin. Mentrestant, estem bloquejats, ens falta escanejar tota aquesta informació que ens ve de fora. I passa el que passa: cremen una dona que estava dormint en un caixer i no hi diem res. S'ha perdut fer teatre d'acord amb les necessitats dels espectadors.

Els efectes de la professionalització

La professionalització ha perfeccionat la interpretació, la direcció, sobretot amb la incorporació d'un element nou, que és el dramaturg, que ha entrat, i amb força, dintre del teatre. Però només ho ha fet en les societats limitades del Teatre Lliure, del Teatre Nacional i del Mercat de les Flors; la resta queda despenjada. Al Lliure, al TNC i al Mercat hem tingut ocasió de poder veure teatre sense haver de viatjar per tot Europa (val a dir que, internacionalment, fa uns quants anys que Holanda, Bèlgica i Alemanya van decidir buscar la modernitat passant de tot, que és allò que havia fet els EUA i ara no fa). Però aquí la situació ha estat diferent. El director sortia de fer molts oficis. A l'Adrià Gual, per exemple, tant s'hi podia fer escenografia, com una part de dramatúrgia o de direcció. Hi havia un equip en què tothom feia de tot.

Tot això no podia continuar. Sobretot, si ens posàvem al costat d'altres països com França o Alemanya, aquí no hi havia res. Un dels que va començar a fer alguna cosa seriosa va ser Fabià Puigserver al Teatre Lliure. Ell venia de Polònia. El Teatre de l'Òpera, on s'havia format, l'obrien al matí i hi entraven els obrers i anaven a la fàbrica, que era el teatre, i tenien la programació feta per a un i dos anys. Puigserver va portar aquest tipus de treball i va formar una família que es va anar professionalitzant de mica en mica. Va ser molt potent i va fer bon teatre. La seva manera de veure el teatre i la meva, però, tenien poc a veure. Ell va portar el teatre d'ofici a Barcelona. I encara avui, al Teatre Lliure, s'hi poden veure espectacles interessants d'aquí i de fora. El meu teatre és més de recerca.

No puc fer un Lope de Vega en català perquè és absurd, però no sé quin filòsof va dir que l'absurd portat fins a l'extrem és veritat. Shakespeare, sí. Però traduir un Lope o un Calderón, traduir-los em sembla una bestiesa. Això ens limita, en certa manera, fins i tot amb els autors actuals: o els fem en castellà, o no els podem fer. En efecte, és molt difícil inventar un espectacle: es necessita haver-ho fet des de petit. I aquesta dificultat l'entenc, però, o es va per aquí, o no hi veig sortida, perquè ens anem tancant. És evident que el director s'ha apartat de la direcció en equip i ha passat a la direcció amb responsabilitat única i personal al front d'un equip de treballadors de l'espectacle on difícilment l'opinió és compartida.

Sobre la polèmica entre dramaturg-escriptor i director, no crec que sigui més important l'un que l'altre: són necessaris i complementaris. És possible que triï l'obra el director o busqui el dramaturg, o potser al revés, que el dramaturg busqui el director quan tingui una obra que sigui interessant. El que passa és que s'escriu poc, i els pocs que ho fan escriuen a la televisió. I això té a veure amb la consideració cap a la tradició textual catalana dels directors i dramaturgs. Els dramaturgs prefereixen passar-se a la televisió i fer una sèrie de vint o trenta capítols que no pas una obra de teatre. També és possible que ja, d'entrada, els directors marginin propostes pensant que no tindran cap interès i que s'estimin més triar un clàssic sabent que té una rendibilitat immediata i que funciona, i que és d'eficàcia provada, que no pas arriscar-se amb un text d'un autor desconegut.

De tota manera, les arts en general estan en *stand by*. De quatre o cincs anys cap aquí, han passat coses terribles a tot el món. I tot just comencem. De tot això, la gent en queda espantada, no sap per on tirar. Ni les arts plàstiques, ni la poesia, ni la literatura hi han fet front. Les arts estan estancades. Potser la literatura se'n salva perquè es publiquen alguns llibres que poden ser interessants, tot i que se n'editen tants que no hi ha hores per llegir-los. Personalment, llegeixo llibres de teatre, però m'agrada més fer coses meves. L'art s'ha acollonit. Per exemple, l'impressionisme, l'expressionisme, el fauvisme s'avançaven al temps. Un pintor, un artista plàstic, pot fer coses. No necessita subvencions, si té una mica de menjar. No hi ha un intervencionisme. Ara bé, posteriorment, o es té un marxant que tiri endavant l'obra, o l'artista es queda a casa. En aquests moments, no s'avança. Tothom està quiet.

D'altra banda, considero que el teatre textual i el no textual són necessaris. Per inclinació meva, me'n vaig cap al de no text, però sempre hi ha text en els meus muntatges. Per exemple, a *Mozartnu*, hi havia tot el text d'una missa en llatí. A mi, em servia per anar contra el text, o per anar-hi a favor, i anava muntant. La paraula sempre és present; el que passa és que sempre he tingut més preferència per la qüestió visual i de muntatge. Són necessaris els uns i els altres, si bé és cert que es poden dir coses molt potents amb la part visual, on no arriba el text. I al revés.

La Fura dels Baus, tot i que ara està en una situació crítica (perquè aquest tipus de coses tenen data de caducitat), ha inventat un llenguatge, però ara busca noves vies i torna a anar al text. Perd la identitat com a teatre visual i de xoc, però no està malament que es barregin els uns amb els altres. Aquell personatge de *Metamorfosi*, de Kafka, que abans es convertia en un escarabat, ara es tanca en una habitació de vidre on hi ha la televisió. Allò que abans era una utopia, ara és una realitat: hi ha nanos que no volen sortir de la seva habitació, perquè no volen veure el món, i això és molt trist i fotut.

Abans, els directors, els escenògrafs, no tan sols vivien més de les arts plàstiques, sinó que es podia considerar que *eren* les arts plàstiques. Jo sóc pintor. Pedagogia, pintura i teatre han estat les tres branques meves. Anava a l'Adrià Gual com a pintor i, després, com a escenògraf. No he cregut mai que la pintura és la que ha de resoldre els temes plàstics del teatre, perquè les arts plàstiques són completament autònomes, i allò que pugui ser l'art dramàtic és una altra cosa completament diferent. Es poden, en certa manera, l'una a l'altra anar-se influenciant, per bé que tampoc no hi ha hagut gaire influència.

Vaig fer una obra del Benet i Jornet que era *pop art*. A la gent, li va interessar, però vaig ser jo que, d'una manera forçosa, volia posar allò, l'estil del *pop art* a dintre. Hi quedava bé. Una taula no serveix per anar a dalt de l'escenari. I, si es vol fer una reunió de tres, s'ha de dissenyar expressament perquè sigui a dalt de l'escenari i doni aquesta idea. En acabar-se amb el teló pintat, sobretot amb Adolphe Appia, entra la subtil bombeta de l'electricitat que fa un focus i que delimita els plans i els espais. Crec més en l'espai com a espai escènic. L'escenografia és una representació d'allò que es vulgui fer sobre l'espai escènic. El centre és l'espai escènic, la resta són decorats que es poden posar amunt i avall.

D'altra banda, entre els artistes, hi ha falta de valentia i poc coneixement de la feina del dramaturg. No n'hi ha prou amb frases interessants, frases denúncia, perquè, si tot va en contra, és igual a zero. Imaginem-nos que hi hagi una habitació tota vermella i la gent vestida de vermell i pintada de vermell; la gent desapareixeria. I no se sabria si és vermella, fins que no hi entra una persona de verd, com si faltés el contrapunt a la complexitat. Tampoc no interessa aquesta actitud compassiva, patriòtica o comprensiva de pensar que, com que no hi ha res, per poca cosa que hi hagi, està bé.

El control excessiu dels polítics

Per als polítics, no és possible un poble que no tingui un teatre. El teatre té, de sempre, un prestigi i el fan esplèndid, però, després, l'han d'omplir. L'omplen amb un absolut control. S'ha guanyat en professionalitat i s'ha perdut en originalitat o en necessitat, aquesta paraula que sembla antiga, però no ho és. No he fet mai teatre si no tenia la necessitat de dir alguna cosa, i això avui s'ha perdut.

Fet i fet, sembla que s'ha encomanat un objectiu més propi d'altres mitjans. S'ha anat cap a l'espectacle fàcil com la televisió: la baralla institucionalitzada, el menyspreu. Tot és comerç, indústria del lleure. En teatre, potser no ha passat el mateix, però no ens movem de reposicions. Es fa molt poca cosa. A més, Catalunya no ha estat mai un país de dramaturgs, ha estat un país de dissenyadors de teatre, això sí, sobretot el disseny i la direcció on hi ha gent molt bona. I dramaturgs també n'hi ha. Però, com que és un poble, una cultura tancada en si mateixa (siguem sincers, tot i que me l'estimo amb bogeria i ho donaria tot), tenim petits valors com ara la generació dels anys setanta…, però cal recuperar-los si val la pena fer-ho, pel seu valor, no perquè hagin nascut als anys setanta. Si no, fora.

En un altre ordre de coses, la major part dels professionals han marxat i n'han quedat uns quants que s'han constituït en una mena de societats limitades. El control és la paraula clau. Volen controlar-ho tot, fins i tot a l'Institut del Teatre. Jo he de ser optimista i crec en el futur del teatre per la gent que comença. En el procés de professionalització dels artistes, a banda de l'autocensura i l'autolimitació dels espectacles, també hi ha una pèrdua de creativitat –tot i que aquesta paraula no m'acaba d'agradar utilitzar-la–, una pèrdua de l'originalitat. Ningú no s'arrisca a fer una cosa que pugui interessar al poble, a la gent. El públic no hi va, i com que hi ha molt poques coses interessants, les poques que hi ha s'inflen. S'utilitza l'esquer de la política per atraure el públic a una cosa que fa vint anys ja es va fer, com és el *Mikado*, per exemple. És una trampa.

No es pot fer provocació des de l'escena institucional. La provocació ha de venir d'una altra banda, no fent la bomba que Roger Bernat feia construir a *La joventut europea*, al Mercat de les Flors. Per fer la bomba, es pot entrar a Internet on t'expliquen exactament com s'ha d'anar fent, però això és el seu llenguatge propi, revolucionari. Tanmateix, si es fa enmig de la Rambla, és sortir-se una mica del que podria ser la pròpia funcionalitat i ficció del teatre. En canvi, en el teatre pots anar més a dintre, que és el que Bernat buscava, i jo també. D'on ve això? Per què tot això? I d'on vénen les lleis que diuen que vostè no es pot acostar a la seva dona en tants quilòmetres, i les maten igual? I la tortura psicològica? Per què no s'ataca la tortura psicològica que pot minar la personalitat d'algú i arribar a l'extrem de matar-lo? Però això no entra, no està codificat, i aquests serien els temes que s'haurien de tractar. I això no pot fer-ho Internet, ni a la Rambla, ni damunt d'un escenari.

Quan Sergi Mateu i jo vam fer el *Rebel Delirium*, vam anar a veure el president dels psicòlegs de Catalunya, perquè sabíem que es feia el reflex condicionat. I li vam dir: «Escolti'ns, estem fent una obra de teatre sobre l'homosexualitat –hi haurà un judici i tot–, necessitem informació sobre els mètodes que vostès fan servir contra l'homosexualitat... Si accepta, nosaltres volem sotmetre'ns al reflex condicionat per saber exactament com funciona aquesta teràpia. Ara, sàpiga que tot el que ens digui i nosaltres experimentem aquí, anirà a l'obra de teatre, en contra... Accepta o no?» Va dir que sí. Aleshores em posaren uns sensors a les mans i projectaren imatges, si sortia una noia despullada no passava res, però quan sortia un noi despullat sentíem una descàrrega elèctrica a les mans. Amb això ja en teníem prou. Molta gent això no ho sabia, i el teatre pot entrar aquí. Només ho sabien quatre metges que feien aquesta teràpia i quatre famílies que volien curar el fill perquè no fos «diferent».

Un altre exemple seria la censura, la manca de llibertats. M'estic plantejant com puc demostrar a la gent que quan està pensant o fent alguna cosa es talla, i no tira endavant. Puc paralitzar els actors, amb una acció. O puc fer anar-los un llampec o un llum molt fort, com un reflex condicionat que els paralitzi. Hi treballo cada dia i no acabo de trobar el mètode; com puc dir a la gent que hi ha una censura? Si ho trobo, la gent dirà, alerta, això és veritat. Només que els faci reflexionar que estem perdent llibertats i que ens autocensurem com a conseqüència de les influències que vénen de fora, ja em dono per satisfet de l'espectacle. La gent va entrant en aquest joc sense adornar-se'n, i això sí que és un llenguatge propi del teatre. En aquest moment, és més real la ficció que no la mentida política, perquè estan agafant tots els esquemes del món del teatre i els apliquen. Abans no ho feien, això. Abans una mentida podia fer saltar un president dels Estats Units, i ara comencen a adonar-se que potser no hi havia armes de destrucció massiva a l'Iraq, quan ja han mort milions de persones. Malauradament, el teatre calla! I el teatre pot denunciar-ho!

La necessitat d'una revolució

La Fura dels Baus, quan va fer el primer espectacle, desprenia tot el moviment del *body art*, en la línia dels anys setanta i vuitanta, i fins al vuitanta-cinc, que aquí van ser els anys de grans moviments; i a Anglaterra i França, exactament igual. Es va acabar el control. Dyonisos 69, que era un *performance group*, va començar fent espectacles en un garatge i, mentre la gent s'enfilava pels prestatges, un actor preguntava si algú els volia llepar la cigala. I ho feien. Avui, ni això tenim. Aquell moment era un moment d'una explosió tremenda entre tot el Carnaby Street, la minifalda –la Mary Quant–, i França...

Jo aleshores era a Londres, estudiant. En qualsevol lloc, hi havia un teatre. Es podia fer teatre allí on es volgués. Era increïble. Hi havia quatre o cinc, o deu butaques, s'hi entrava i hi feien uns espectacles absolutament extraordinaris. Tot aquest moviment s'escapava al poder i, aviat, es va acabar tot. Jo no viuré mai més a la meva vida el que vaig veure a Londres el maig de 1969: exposicions en què hi havia una persona que estava dormint, una sèrie de moviments tremends, com ara el minimalisme, cases on es podien penjar els dibuixos d'aquí, de Grècia... Era l'ideal de les arts. Malgrat la situació que es viu aquí, no vull ser pessimista, perquè considero que encara hi pot haver alguna reacció que no sortirà d'Europa, sinó dels EUA, i dels països llatinoamericans, perquè s'estan obrint.

El teatre, per altra banda, necessita una revolució, necessita dir coses. Rússia, per exemple, el primer que va fer va ser controlar el teatre de dalt a baix, perquè sabia que entrava directament a la gent. Des d'un teatre es pot fer una revolució –cada vegada més difícil, però es pot fer–. I els EUA la van fer, però ara no tenen res. En canvi, tenen un potencial molt poderós –intel·lectualment i artísticament–, que està quiet, però que té moltes coses a dir, perquè no tothom pensa com Bush. Estic convençut que es dirà i es farà en teatre, i tornaran a sortir una sèrie de coses noves. Tornarà a liderar el panorama teatral. Ara es va al teatre perquè agrada, però no es veu absolutament res d'interessant. Es fa teatre per a la gent del teatre.

Pel que fa a les perspectives de futur, les fornades de la gent jove, per exemple de l'Institut de Teatre, no tenen gaires possibilitats de fer coses. Abans ens posàvem unes botes i trèiem l'aigua del metro per alçar-hi una tarima. Però això, ara, no ho fa ningú. «Quant cobraré per fer això?», és la pregunta recurrent. O bé: «Jo sóc actor i no pico pedra.» I entenc que ha de ser així, perquè la gent ha de viure del teatre, però resulta que hi ha unes societats limitades que castiguen, que fan llistes negres.

La comoditat s'imposa. Per exemple, i no m'hi ficaré perquè tinc por, amb la crisi dels acudits sobre Mahoma. Això és una cosa terrible. Perquè si entra Turquia a Europa, i un turc musulmà té els mateixos drets que nosaltres, qualsevol diu una cosa contra els musulmans, et poden cremar la casa. És una guerra de religions. Qui ho ha enredat, tot això? Interesssos comercials i econòmics, però els EUA ho han embolicat molt, ho han radicalitzat. El que passa amb l'Estatut d'Autonomia de Catalunya ha radicalitzat els catalans. Ens molesta, fins i tot, que ens parlin en espanyol. Això no ho feia abans. S'està radicalitzant tot, tot per interessos de petroli. Però això ho ha de dir algú. I aquest algú podria ser el teatre que, dintre del món de la ficció, ara per ara, pot dir el que vulgui dalt de l'escenari.

Pel que fa al teatre català, mentre hi ha cultures teatrals equiparables a la catalana que s'exporten, com ara el teatre holandès o el belga, el dubte és si la limitació geogràfica es basteix des de la pròpia tradició teatral catalana. I, efectivament, som nosaltres els que ens autotanquem, per comoditat, per tenir allò que hem reservat. Per contra, hi ha honroses excepcions: Roger Bernat ha fet coses (tot i que, a l'exterior, fa ben poc no ha tingut l'èxit que es mereixia, però té inquietuds). L'últim espectacle que ha fet abordava el tema de l'adolescència, del qual ningú no parla. Tots els problemes d'aquesta etapa els posava dalt de l'escenari i se'n desprenia una reflexió. Bernat té un esperit de recerca, però normalment no podem exportar els espectacles fets aquí.

Quan vaig fer *El banquet*, de Plató –l'obra meva que més gent ha vist–, la vaig muntar a França, a Espanya i a Catalunya. A tot arreu, hi havia el 116% d'ocupació –recordo a Tolouse gent per les escales i tot–. Em preguntava per què tenia tant d'èxit. No ho sabia de cap manera, però a tot arreu hi havia molta gent. I és perquè parlava de l'amor sense pecat. Em va costar descobrir-ho. Vuit discursos que tots eren veritat, i no hi havia pecat per enlloc; aquest va ser l'èxit. I la gent hi anava. Recordo que al Teatre Romea es va haver d'obrir l'aforament superior, fins i tot el dia que hi havia un Barça-Madrid. La clau rau a tocar temes que interessin a la gent. O que tenen necessitat de sentir. A França, no hi havia l'obligació escolar de llegir *El banquet*, de Plató, com hi havia aquí. Doncs, un mes abans, van obligar totes les escoles del Midi francès a llegir-lo i debatre'l.

Actualment, diria que el teatre català no és homologable amb Europa. Exceptuant algunes propostes, com podrien ser alguns espectacles d'Àlex Rigola, Calixto Bieito, La Fura o Comediants, que tenen un llenguatge molt més universal, i van sempre en una línia. És un tipus de teatre en què la teatralitat és molt potent i pot anar allà on vulguin, des de Tòquio fins on sigui. Aquest és un punt important dintre del teatre català. He posat aquests exemples i n'hi ha d'altres, però no poden anar a fora. A la dansa hi ha coses interessants i té un llenguatge universal. A fora s'està més preparat; nosaltres no podem anar amb una obra de teatre clàssic català. Així i tot, hi ha obres que s'han traduït a tots els idiomes del món, com Guimerà. Però Guimerà escrivia unes peces de teatre que en aquell moment tenien efecte en un context naturalista que arribava.

El cas de Sergi Belbel, que ha tractat alguns temes que possiblement siguin interessants –fa temps va tocar el tema del fumar o no fumar–, està agafant una línia d'èxit popular, mentre que a Josep M. Benet i Jornet, tot i que l'aprecio molt, li falta trempera. No són universals. I no perquè tractin problemes propis de Catalunya, sinó perquè són temes de difícil extrapolació en altres països. En canvi, Benet i Jornet ha anat a la televisió i funciona, la gent el segueix, està buscant el seu propi llenguatge, és un dels que ajuda a fer que el llenguatge sigui més correcte i pugui interessar a la gent i ho fa molt bé en la meva manera de veure. I la universitat és a la televisió...

Cultura i teatre de resistència

La televisió ha fet que gent senzilla, que mai en la seva vida no havien tingut un protagonisme cultural ni social, ara siguin protagonistes. N'està ple, a mils. *Aquí hay tomate* i tots aquests programes en són un exemple. Per una banda, és bo, perquè la gent senzilla tingui una mica de protagonisme, i que no siguin tan sols sempre els mateixos. La gent vol ser protagonista i té tot el dret del món de ser-ne. Però se'n fa un mal ús, no s'ha trobat encara el llenguatge propi equivalent del teatre a la televisió. Serveixen per anar amagant coses més importants. Tota la vida s'ha fet això.

A *El joc i l'engany*, que vaig fer al Brossa, en entrar hi havia un home negre i una dona blanca, despullats, amb un espai mínim entre ells i la gent havia de passar pel mig. Si tu entraves normalment, els tocaves. Si els volies evitar, no els tocaves. L'ordre que tenien ell i ella era: «Si us toquen, somrigueu, no podeu fer cap més reacció que aquesta.» El que no sabien és que jo els estava filmant, de tal manera que en sortir sabien pel monitor de televisió totes les reaccions de la gent...; l'experiència tenia un interès terrible, perquè ells havien estat actors i actrius, dintre de la mateixa obra.

L'espectacularització ha fet canviar moltes dinàmiques. La cultura està mediatitzada. Hi ha aspectes sobre els quals la universitat s'hauria de queixar i no ho fa: ho deixa passar. La cultura s'ha convertit en un producte comercial total. Si Catalunya no tingués teatres, seria menyspreada per tot Europa i tot el món perquè no té teatres. És a dir, el teatre hi ha de ser. O entres dintre d'aquesta indústria –és lícit que algú vulgui viure del que treballa– o no hi entres. Si no hi entres, el preu és extraordinàriament car: l'ostracisme, no comptar per a res. Et donen premis perquè callis i així et van tancant les portes...

Davant d'aquest panorama, hi ha dues opcions: o seguir el corrent o anar-hi en contra. La meva és suïcida perquè no hi ha ningú que em segueixi –vindran els quatre que no van mai al teatre i que vindran perquè faig una cosa jo–. Gastes de tot per omplir vuit dies de teatre, que és el que avui en dia puc omplir. Això ho has de tenir molt clar, perquè si no, més val que pleguis i facis una altra cosa, encara que aquesta també estigui mediatitzada. Està absolutament tot controlat; i cada cop més, fins que no et pots moure. Hi ha un protocol de control, del qual no pots escapar, en tots els àmbits de la vida i també en el teatre.

Dit d'una altra manera, s'ha d'esperar una revolució cultural! I aquesta revolució no pot ser en l'àmbit de Catalunya perquè és un país petit, i estem massa globalitzats. Pot ser que vingui per Internet. Tota la meva vida he volgut fer un espectacle enmig dels Monegros, els cotxes posats en rotllana, i amb els focus encesos per il·luminar-ne un tros. En aquell moment, era impossible. Ara es pot fer per Internet: dir que faràs aquest espectacle al mig dels Monegros i hi ha un problema enorme perquè t'hi van milers de cotxes a veure'l. I, en canvi, es programa *Mar i cel*? No va bé això. Si puc crear per Internet un espectacle i tenir un milió d'espectadors, hem d'anar al TNC a fer *Mar i cel*? No. Penso que una de les millors experiències del teatre és ser-hi a la mitja part i trobar gent per parlar i discutir, i comentar; aquesta comunicació és bona.

Actualment hi ha dos espectacles d'una potència increïble, que són els concerts i el futbol. La resta, bona nit i tapa't! El futbol està tan ben concebut dramàticament! Hi ha el protagonista, l'antagonista...; per a alguns, l'antagonista és el protagonista..., és a dir, està barrejat. Quaranta-cinc minuts i quaranta-cinc minuts, temps just per no avorrir-te i fer guerra, amb un espai pel mig per anar comentant, per menjar pipes, per beure coca-coles, per fer el que vulguis. S'està a l'aire lliure. El concepte és fantàstic.

En canvi, fa pocs dies vaig anar a Praga, a l'escola de teatre, i vaig anar al teatre: em vaig empassar una obra avorrida, però que

era de Havel, ben feta pels actors, amb una posada en escena anti-
ga, plena de gent absolutament mudada, amb un respecte i un
silenci, una cosa que vaig quedar acollonit. Aquí no hi ha arribat
mai, això. A Anglaterra vaig veure un musical, *Un diumenge al
parc*, un espectacle fantàstic, però no tenia èxit. Estan vuit o deu
dies fent-lo, ho calculen tot i el treuen de cartellera perquè no
faran el negoci que esperaven. És un exemple més d'aquesta cul-
tura ordenada, controlada, comercial, mediàtica, per tal que la
gent pensi d'aquella manera i que faci les coses d'aquella altra. El
problema és lluitar contra això. Si agafo una subvenció forta, no
puc anar contra ells. Ells paguen; aleshores què faig? I la rebel·lió
m'agrada –ho sento molt–, i la continuaré fent. Amb això sí que
no tinc cap problema.

No obstant això, és molt millor ara que abans, l'època del ge-
neral Franco. Amb l'Aznar també era horrorós. Sempre es guanya
per una banda o altra. Només importa que la màquina funcioni i
res més. No els importa allò que es fa. Divertit ho era molt, el
temps de Franco, i ho era perquè hi havia un dimoni, i perquè els
polítics només eren contra Franco. Al metro fèiem un judici a
l'homosexualitat, als representants dels partits polítics els feia una
pregunta que gravava i passava durant l'espectacle. Hi van res-
pondre des dels comunistes fins a Roca i Junyent... Els anava pre-
guntant a tots, «Què pensa vostè sobre l'homosexualitat?», «Ah,
no res, s'ha de tirar endavant...», tots, menys els del PP (llavors
AP), que no van contestar. Sortia una foto de cadascun dels polí-
tics, mentre s'escoltava la seva veu contestant la pregunta. Quan
vam posar la del representant del PP, una veu en *off* deia: «No va
voler contestar...» Això era normal fer-ho. Ara no me'n veig
capaç. Només per poder entrar en el despatx d'un d'aquests, deus

haver de fer les mil i una (potser Piqué s'hi avindria perquè necessita protagonisme...).

Cap a una transformació

El teatre hauria d'anar cap a una transformació. Ha d'incorporar els problemes globals. I parlo de globals no amb greuge, sinó perquè són els problemes de tots: estan cremant banderes a l'Afganistan i les veiem immediatament a totes les televisions d'aquí. Tot i que ens agafa per sorpresa, tard o d'hora, els problemes d'aquí són els d'allà, i són aquests problemes els que el teatre ha de tractar. El teatre té la possibilitat –almenys, a mi m'agrada molt– de dir coses molt serioses amb un nivell d'expressió desenfadat, fins i tot divertint-te pots dir coses molt serioses, i això només ho pot fer el teatre. I el cine, difícilment pot fer-ho, però el teatre, sí. Pot sortir un pallasso que et digui coses valentes com havia fet Charlie Rivel. Havia sintetitzat tot el dolor del món aixecant una cadira. S'han d'obrir les portes i s'ha de començar de nou, no fer reposicions.

El públic s'està ensopint i no va al teatre. Sempre hi van els mateixos i uns quants amb invitacions i algú que hi treballa, i uns quants que paguen, també. Però, en general, el teatre no és una manifestació cultural potent. Hi ha cine, hi ha llocs on pots llogar una pel·lícula. No entenc com a algú se li acut agafar Woody Allen i fer una versió teatral d'una pel·lícula: sense comentaris. Els crítics deien: «Agafa tres euros, vés a llogar la pel·lícula i te la mires a casa»... És que fins i tot s'arriba a aquest extrem de posar coses damunt l'escenari que han tingut èxit al cinema. A més, un llenguatge fet en cine, difícilment el pots passar a teatre, són dos llenguatges molt diferents. L'argument canvia moltíssim a dalt d'un escenari. En cine, tots els paisatges són possibles, en el moment que vulguis i lligats de la manera que vulguis; en teatre, no. I això s'ha de respectar perquè sinó s'agafa el teatre per fer altres funcions... Al Barcelona Teatre Musical, intenten fer-hi espectacles i no se'n surten, perquè no són els temes d'ara... No entra, no influeix, el teatre, en la cultura catalana, actualment.

Malgrat tot, sóc optimista. Si no ho fos, ja hauria llençat la tovallola. Però cada cop es fa més difícil de fer coses. Per exemple, ara havia treballat durant mesos el *Fedó* de Plató, perquè sempre m'havia interessat la mort de Sòcrates. Finalment, he arribat a la conclusió que no té contrari; és ell sol que parla i parla, encara que hi hagi els altres deixebles al costat... Tenia la posada en escena perfectament estudiada, estupenda: ho feia passar en un gimnàs, i hi tractava els tres valors de la cultura: la gramàtica, el gimnàs i la música. I dels tres, el més important era el gimnàs, el cos... L'obra començava gairebé sense llum i, llavors, amb ordinador, es pot fer un efecte que abans no es podia fer: un focus que vagi pujant gradualment durant una hora i quart... Però me n'he adonat que no hi havia cap contrari, ni antagonista: no pot ser, teatralment no funciona. I ho he deixat. I me n'aniré cap a la violència. Necessito textos sobre la violència. Però si no hi són, no els hi poso i avall..., ja tindré la Passió segons Sant Mateu, a veure què passa!

En el teatre, cal pensar què li pot interessar a l'espectador. Has de començar pensant en l'altre... Posa-hi tota l'originalitat que vulguis, però has de pensar què li interessa... Per exemple, he ideat un projecte que no el faré mai perquè val molts diners, que és el *Blanquerna* del Ramon Llull. Tinc la dramatúrgia embastada, però ho hauria de fer un dramaturg. Sé que seria interessant, perquè la gent jove va despistada en el disseny de vida. Això interessa a la gent jove, com també interessava *El banquet* o parlar de la mort com Déu mana. Aquestes coses interessen i, potser, si surt bé, la violència interessarà.

Vull trobar la diferència entre la violència i la influència subliminal contra la llibertat. Mostrar la violència gratuïta com a diversió. Presentar la violència des d'una altra perspectiva, o sigui, la reflexió que provoca el món de la ficció dins del potent llenguatge del teatre. Per exemple, surten dues dones i un home, despullats, amb una maleta i se sent Bach. Tots tres conten per què són iguals. Ara, un treu de la maleta una perruca blava, plaf, bufetada, plaf, bufetada, perquè és diferent. Això ho entén tothom, fins i tot els nens. I l'altre treu una sabata, una mitja i plaf, bufetada, i es van canviant coses, bufetada va i ve... Fins que queden tots tres igual de vestits, llavors tots contents. Tota aquesta història explicada mentre se sent la música de Bach...

A la dreta:
«Foto de família d'actors i directors del TNC.
Presentació de la temporada 2004-2005.
Tot segueix igual. Segregació de luxe
al damunt del teatre independent que
sobreviu per la il·lusió i l'esforç del treball.»

[Reproducció –imatge i comentari–, autoritzada per l'autor del collage, publicat a:
Iago PERICOT, *Els colors de la crònica (2004-2005).*
Barcelona: Llibres de l'Índex, 2005, pàg. 49.]

Foto de família d'actors i directors del THC
Presentació Temporada 2004-2005

Sf Manou 24 - febrer del 2005

yagoperisot

Ni perifèrics ni alternatius: aïllats

Josep R. Cerdà Mas*

E scoltar els debats teòrics sobre el teatre que s'han produït durant les darreres dècades a Catalunya produeix, en la gent de teatre de les Balears, una sensació estranya. Ens hi sentim involucrats, però exclosos a la vegada. Se'ns convida, quasi se'ns obliga, a ser espectadors de primera fila, però no podem pujar a l'escenari. Se'ns nega la participació en un context que consideram nostre i de l'evolució del qual som part. Al contrari del que ha passat amb la narrativa, on ha existit una podríem dir discriminació positiva cap als autors illencs, en el camp del teatre se'ns ha com-

---

* Josep R. Cerdà Mas (Palma, 1971), llicenciat en filologia catalana i professor d'ensenyament secundari, forma part de la companyia Teatre de Què. Com a dramaturg ha escrit *Calor* (1997), *Fins aquí* (1997), *Ruth* (2000, juntament amb Lluís Colom), *Dissabte* (2002) i *Fotos de Petra* (2003).

---

minat a restar dins el nostre redol, amb l'argument que només érem necessaris com a públic. El que sabem fer, l'específic illenc, allò que queda tan exòtic quan ho fan els novel·listes (i que no deixa de ser un tòpic: l'ús d'un llenguatge considerat més *pur*, la connexió amb la cultura rondallística o la descripció de paisatges naturals i humans ancestrals a punt de desaparèixer), no interessa. La quota d'alternatius, ja la tenim coberta amb altres propostes. Si voleu fer els illencs, quedau-vos a casa. Si estau disposats a convertir-vos en barcelonins, agafau la maleta i veniu a provar sort.

Començant pels autors de la generació del Sagarra i seguint fins a les darreres fornades, la valoració del teatre illenc ha estat possible només quan aquests autors (i podria dir-se el mateix de directors, companyies i actors) s'han integrat dins el sistema de producció barceloní. D'altra manera, han quedat completament ignorats pel conjunt de la cultura catalana els esdeveniments i trajectòries teatrals que han sorgit i existit (amb una dignitat artística inusitada a la nostra història teatral, m'atreviria a dir) per al seu públic natural. I no estic parlant de teatre *amateur*, sinó d'autors, directors i companyies professionals arrelats a Mallorca tant com els autors catalans dels vuitanta ho estaven a la vida barcelonina. Això no significa, emperò, que les Balears no formem part del mercat teatral català. Seguim essent el públic on assajar les noves produccions de les companyies comercials i un mercat accessible per als muntatges barcelonins fàcils de moure.

I com és aquest teatre balear (en realitat, quasi exclusivament mallorquí)? Com s'ha desenvolupat, aïllat i desprotegit, durant aquests darrers trenta anys? Començarem per la situació de partida. Des de la Renaixença, la història del teatre català s'explica, a grans trets, a partir de la importació de les modes europees per part dels autors i públic de Barcelona, i la posterior imitació d'aquests corrents per part de les elits cultivades del País Valencià i les Balears. Mentrestant, el públic d'aquestes perifèries preferia uns productes molt més populars i cada cop més degradats qualitativament. Això és el que marca una diferència significativa entre el que es considera tradició a la capital o a les Balears. A una banda tenim Guimerà i Sagarra; i a l'altra, l'anomenat «teatro regional». Algú s'imagina que Capri fos reivindicat com el fundador del teatre català, com el seu salvador durant el franquisme? Doncs aquí hi ha historiadors que dirien això de Xesc Forteza. Vet ací la diferència.

De tota manera, entre la gent de teatre de les Balears, aquesta visió no ha tingut mai gaire acceptació i el rebuig cap a allò que significava el teatre costumista ha estat quasi general. Això explica que, mentre a Barcelona es planteja el debat sobre la tradició (una constant des que es va obrir el Nacional) aquí la tendència és tirar endavant com si no en tinguéssim, de tradició. Amb un afegit, a més. Mentre que no tenim cap problema a assumir els autors principatins i valencians d'altres gèneres com a plenament propis, jo no record cap muntatge (si no és estrictament escolar o *amateur*) d'Espriu, Sagarra o Guimerà produït a Mallorca. És a dir, no tenim –així almenys ho ha percebut la nostra gent de teatre– cap tradició teatral culta aprofitable. Ni la nostra, ni la catalana en un sentit ampli. Es podria esmentar, en tot cas, l'èxit d'algun text de Llorenç Villalonga. Es tractaria, emperò, d'un fals exemple. El reconeixement del Villalonga dramaturg s'explica només com a translació al teatre d'un prestigi novel·lístic; en canvi, els intents recents per recuperar altres figures, com la de Pere Capellà o Blai Bonet, no han tingut el mateix ressò.

Segurament per aquesta manca de referents, la literatura popular (les rondalles o la història oral) ha substituït, en alguns muntatges, una tradició inexistent o rebutjada. Això significa que s'ha hagut de crear, durant aquests darrers anys de normalització democràtica, una tradició nova, encara en procés. Una tradició que ha estat impulsada per la mateixa gent de teatre. El poc coneixement i nul interès de la nostra classe política pel teatre ha fet que el camí que ha pres el teatre balear tingués poc a veure amb dirigismes ideològics i molt amb les inquietuds i formació de directors, actors i altres professionals de l'escena. I la veritat és que no ens està anant tan malament.

Mirat en conjunt, el balanç global de tota aquesta etapa ha de ser forçosament positiu. Malgrat els buits en un ecosistema teatral encara mancat d'elements importants, la recuperació actual d'un teatre que havia quedat quasi mort (o inservible) és un fet indiscutible. A les Balears es fa, amb pocs recursos, un teatre d'una qualitat altíssima; que ha de competir, no obstant això, dins un mercat –el català– saturat de productes de qualitat fabricats per empreses molt més ben capitalitzades i protegides pel sector públic. Disculpau el símil econòmic, però aquest és també un canvi substancial que s'ha produït durant aquests anys: si abans, quan parlàvem de teatre, parlàvem de cultura, ara parlam, en molts de casos, d'una indústria. I en els negocis, els germans de llengua ara són només possible competència.

Tot fent un sintètic repàs en paral·lel als diferent corrents que s'han desenvolupat durant aquests trenta anys en el teatre català del Principat i que a les Balears hem viscut com a espectadors, podem dir que el teatre independent ens arribà tard, ja als vuitanta (Iguana Teatre i Estudi Zero són, entre d'altres, les companyies que sorgiren llavors i encara existeixen). Més tard, no poguérem pujar al carro del retorn del teatre de text per dos motius: ningú no va fer cas dels nostres autors (ni dels nous ni dels històrics reivindicables) i no teníem les sales alternatives que acollissin les seves veus. Arran de l'auge del teatre visual sorgiren algunes de les companyies que més han exportat els seus espectacles (com Res de Res-En Blanc i Au Ments). Ja passat el 2000, la represa de publicacions teatrals ha permès als autors tornar a tenir presència i, en alguns casos, estrenar. Existeixen avui diverses col·leccions de teatre publicades per El Gall editors, de Pollença; Edicions Can Sifre, d'Eivissa; la Tespis de la Universitat de les Illes Balears, i la col·lecció del Teatre del Mar. Hi han publicat des d'autors consagrats (Joan Guasp, Alexandre Ballester, Gabriel Sabrafín) fins als més joves (com Jaume Miró, Vicent Ferrer, Biel Jordà, Vicent Tur o Andreu Segura).

Un altre fet que ha marcat l'etapa que ens ocupa ha estat el retard, ja cap als noranta, en la professionalització del sector teatral a les Balears. Això té molt a veure amb dues mancances importants que han determinat algunes dinàmiques de la professió: la inexistència, fins fa molt poc, d'una televisió autonòmica (amb tota la indústria audiovisual que genera) i la quasi inexistència de teatre públic a les quatre illes. Aquests dos fets han repercutit en un vigor inusual durant aquest període de les companyies teatrals, les quals han estat a la pràctica les úniques entitats productores de teatre. El retard en el cas de la televisió, a més, ha impedit que els nostres actors fossin coneguts pel gran públic, i aquest fet ha contribuït a la poca consideració social de la professió.

Per a les administracions balears, el teatre no ha estat mai una prioritat. Seria injust, tanmateix, no esmentar els esforços que es feren durant els mandats del nacionalista Damià Pons al capdavant de l'Àrea de Cultura del Consell de Mallorca primer, i de la Conselleria d'Educació i Cultura més tard. Totes les polítiques de foment del teatre que encara ara existeixen (tant el circuit d'arts escèniques de Mallorca com els ajuts a la producció per a les companyies i les iniciatives de projecció exterior del nostre teatre) varen ser generades o impulsades durant aquest període. Ara bé, aquest parèntesi no pot amagar quina ha estat l'actitud habitual de les diferents administracions respecte de l'activitat teatral. Excepte el Teatre Principal de Palma, cap altra entitat pública no s'ha dedicat a la producció teatral, i hem de recordar que, des de fa ja uns quants anys la seu està en obres i l'activitat ha disminuït considerablement. Fins i tot avui, que el dèficit d'infraestructures teatrals s'ha corregit gràcies precisament a teatres de titularitat municipal, encara es conceben aquests edificis com a espais d'exhibició, però no s'ha fet la passa cap a la producció pròpia.

En els darrers anys s'han obert els teatres d'Alcúdia, Sa Màniga a Cala Millor, Artà, Lloseta, Sa Societat a Calvià, Vilafranca, Capdepera, Petra i Búger, però només excepcionalment han participat com a coproductors en algun muntatge professional. La competència entre productores privades i teatres públics no existeix a les Balears, perquè l'activitat dels segons es sol limitar a comprar el que fabriquen els primers. Així, al contrari del que passa al Principat, la dinàmica teatral està molt marcada per l'activitat de les companyies privades, amb el que suposa de bo i de dolent. Això significa que els autors teatrals, que a Barcelona tenen en el teatre públic i les sales alternatives un espai per moure's, ho han tingut malament a les Balears. Això significa també que, molt sovint, aquestes companyies (algunes, hauria de dir) han hagut de fer el tipus de teatre que hauria fet, si hagués existit, un centre dramàtic. Hem d'esmentar, per exemple, la trajectòria de la Fundació Teatre del Mar de Palma, l'única entitat de la capital que ha programat amb criteris de teatre públic, tot i ser una entitat privada (encara que finançada parcialment per les institucions) gestionada per una companyia, Iguana Teatre.

Tanmateix, també tenc la sospita que aquesta dinàmica de suplència de les institucions ha anat bastant bé a les companyies que s'han establert en un teatre i han començat a fer d'exhibidors. De cap altra manera s'explica el poc interès a reivindicar un teatre públic fort que hi ha hagut per part d'aquest sector de la professió. Dic això i sé que no tothom hi estarà d'acord. Justament al final de febrer de 2005 l'Associació Balear d'Empreses Teatrals (ABET) ha criticat el desgavell de la política de produccions del Teatre Principal. Cal dir que han tingut molta paciència, o que mentre alguns membres de l'ABET se'n beneficiaven, de coproduccions del Principal, no calia criticar res.

Una altra mancança incomprensiblement poc comentada ha estat sens dubte la de la crítica i la reflexió teòrica. La crítica de premsa s'ha caracteritzat per no seguir cap línia clara que no fos donar suport incondicional a les companyies establertes i arrufar el nas –moltes vegades amb motiu– davant les propostes arribades de fora. De cap manera es pot dir que hagi volgut marcar una línia. Fins i tot quan ha estat destralera (que també) ho ha fet sense saber massa bé per què, sense partir de cap base ideològica o teòrica que pogués encaminar l'objecte de la seva crítica cap a una reflexió sobre el camí que calia seguir. Algú pensarà que és millor tenir una crítica així, que no molesti. La veritat és que, agradi o no, tenir una crítica exigent, solvent i clara, és bàsic per poder evolucionar.

Pel que fa a la investigació i reflexió, s'atura inevitablement al final del franquisme. No ha arribat, per tant, fins a l'època que ens ocupa. Tan sols Antoni Nadal (Nadal, 1988; 2002; 2005) i Maria José Ragué (Ragué, 2000) han registrat l'activitat teatral dels darrers trenta anys. Hem d'esmentar també el valuós document que suposen, per una banda el *Diccionari de teatre*, dirigit per Joan Mas, i per l'altra els anuaris teatrals del Consell de Mallorca, publicats entre el 1996 i el 2000. No podem dir tampoc que la gent de teatre s'hagi prodigat gaire en reflexions sobre la seva activitat: els textos de Joan Arrom a la revista *Lluc* i algunes aportacions d'Antoni M. Thomàs, tot i ser molt valuosos, no han tingut prou ressò per suscitar en el nostre món cultural el debat ideològic que hagués estat saludable.

Les Balears, no obstant, sí que han presenciat les polèmiques teatrals del Principat. No és el mateix ser actor que espectador, però l'espectador també pot prendre partit. I això és el que hem fet. Hi ha un altre element del qual ens hem beneficiat passivament: l'Institut del Teatre. Durant aquests anys, s'ha normalitzat la formació dels professionals del teatre gràcies al seu pas per Barcelona. I aquest bagatge humà ha estat fonamental en el pas endavant que ha fet l'activitat teatral a les Balears. Aquest curs, a més, es farà realitat una reivindicació històrica de la professió, quan començaran les classes a l'Escola Superior d'Art Dramàtic de les Balears.

Doncs bé, amb aquests elements, durant aquests anys i encara que sembli mentida s'ha anat construint una solvent tradició teatral que agafa com a font a la qual imitar els mites del teatre català del final dels setanta: les companyies independents històriques i el Teatre Lliure. Aquesta és la tradició real del teatre a les Balears. L'altra tradició, la del «teatro regional» i en Xesc Forteza, sobreviu en grups d'aficionats i companyies d'objectius populars que fan de l'autoodi el seu emblema característic (i tenen molts de seguidors i teleespectadors, tot s'ha de dir).

Aquest teatre mallorquí a què ens referim ha cristal·litzat en produccions modèliques com ara *Història(es)* de Joan Carles Bellviure (Bellviure, 2004), una síntesi de posada en escena absolutament contemporània i fons provinent de la història oral de l'illa. Curiosament, ha estat una de les poques produccions recents sorgides de les illes que ha estat valorada al Principat, gràcies a la seva participació en el difunt Festival de Sitges i en el Projecte Alcover, una de les poques (potser caldria dir l'única) iniciatives serioses de construir un teatre que es pugui dir nacional. Perquè aquesta és una altra qüestió: com és que el teatre és l'únic sector de la nostra cultura nacional que cap institució no creu necessari cohesionar territorialment? Per què l'única iniciativa en aquest aspecte –el Projecte Alcover– ha sorgit de la iniciativa privada (cal recordar que el Projecte Alcover va sorgir durant l'any 1995 i va tenir com a impulsors la Fundació Teatre del Mar de Palma, la Fira de Teatre de Manacor, la Mostra de Teatre d'Alcoi i la Fira de Tàrrega)? Per què ni els teatres públics ni tan sols les sales alternatives de Barcelona –que s'atorguen el títol de protectores de la cultura i de les minories– han volgut saber mai res del teatre de les Balears?

Aquest menyspreu sembla més increïble si pensam que la fidelitat a la llengua que ha mantingut el teatre és molt superior a la d'altres manifestacions artístiques i literàries que sí han rebut la protecció que suposa considerar-les *cultura catalana* en conjunt. L'expressió «teatre català», en canvi, s'ha utilitzat –durant aquests anys– per designar només el teatre fet a Barcelona. Per això el teatre illenc és perifèria, contràriament al que succeeix amb la novel·la o la poesia.

Aquesta situació perifèrica ha estat un problema ideològic amb conseqüències econòmiques prou importants. El cost de la insularitat ha hagut de ser assumit sempre per la part illenca. Encara avui, quan un muntatge ve a Mallorca des de la península, el programador ha d'assumir el cost del transport; en canvi, quan una producció balear pretén viatjar a la península, el programador no vol assumir mai aquest cost. I això és només un exemple. De tota manera, hem de reconèixer que aquesta ha estat sovint una perifèria un poc estranya. A Mallorca sovint s'ha produït l'estrena en català –amb producció illenca– d'obres d'autors contemporanis com Václav Havel, Tankred Dorst, George Tabori, Martin Crimp, Morris Panych o Michael Frayn abans que es veiessin a Barcelona (algunes encara no s'hi han estrenat). El més curiós és que aquests muntatges han estat quasi sempre iniciatives de companyies. No cal ni dir que aquestes produccions, malgrat la gran qualitat d'algunes, tampoc no han interessat a la capital. Quan aquests textos s'han vist a Barcelona (no sempre, val a dir) ha estat en un muntatge posterior, fet naturalment amb actors i directors del Principat.

I així hem arribat a una situació francament curiosa: mai el teatre de les Balears no havia tingut una ambició i un nivell tan alts, però actualment encara subsisteixen algunes mancances primordials. Tenim professionals formats, teatres que programen regularment, col·leccions de textos teatrals i un públic que creix.

No obstant això, encara no veiem reconegut aquest esforç ni entre la classe política (que segueix sense apostar d'una manera clara pel teatre) ni en el món cultural català, que no necessita innovacions de la perifèria perquè ja en té prou amb les seves pròpies polèmiques. És qüestió de temps? Tal vegada l'interès per les Balears arribarà aviat? M'agradaria molt pensar-ho així. No ho sé.

Entre els reptes que ens planteja el futur immediat, n'hi ha un de fonamental: recuperar els autors com a element clau en el teixit teatral. Entre Alexandre Ballester i els autors de menys de trenta anys, hem perdut una generació pel camí –més que perdre, la tenim adormida esperant l'oportunitat de sortir a la llum–. Em referesc a escriptors valuosos com Llorenç Capellà, Miquel Àngel Vidal, Joan Maria Thomàs i Joan Guasp, entre d'altres que han temptejat en algun moment el teatre, però que publiquen preferentment altres gèneres més segurs. Cal recuperar per al teatre tot aquest talent. Això serà possible si aquests autors veuen possibilitats reals d'èxit i comencen a escriure no per satisfer les seves ànsies creatives sinó per comunicar-se amb un públic que no és el mateix que fa uns anys.

El teatre és sempre un reflex i una reflexió sobre la realitat més immediata. I això planteja uns interrogants gens fàcils de respondre. En primer lloc, la composició social, lingüística i cultural de les Balears ha canviat (i continua fent-ho) d'una manera exagerada durant els darrers anys a causa de les diferents onades migratòries propiciades per un model econòmic de creixement ràpid i sostingut. La nova realitat conseqüència d'aquests canvis és un repte per als creadors, que hi tenen un material privilegiat per destil·lar-hi ficció teatral; però representa un punt d'inflexió en la forma com ha de reflectir-se lingüísticament aquesta realitat sobre els escenaris. La llengua literària està plenament consolidada a les Balears, però pel que fa a l'ús literari dels registres col·loquials no tenim encara l'experiència del doblatge televisiu. Per a mi, aquest és un punt prou important que haurem de resoldre si no volem que el nostre teatre quedi reclòs en una bombolla literària o es degradi lingüísticament –i perdi, per tant, el prestigi cultural que tant ha costat guanyar– com ja fa la nostra televisió autonòmica. I com aquesta, n'hi ha d'altres, de qüestions a debatre: quina tradició hem d'intentar recuperar, quina postura col·lectiva s'ha de prendre davant la manca de criteri dels responsables públics... Tot això passa per encendre un diàleg entre els creadors més intens del que hi ha hagut aquests anys. Potser ara que ja hem fet el més urgent, durant els propers trenta anys començarem a fer allò imprescindible.

Nota bibliogràfica

BELLVIURE, Joan Carles (2004). *Història(es)*. Palma: Documenta Balear. Col·lecció Teatre del Mar, 2.

MAS I VIVES, Joan (2003) (dir.). *Diccionari del teatre a les Illes Balears*. 2 vol. Palma / Barcelona: Lleonard Muntaner / Publicacions de l'Abadia de Montserrat.

NADAL, Antoni (1988). *Teatre modern a Mallorca*. Barcelona: Publicacions de l'Abadia de Montserrat. Biblioteca Miquel del Sants Oliver, 8.

NADAL, Antoni (2002). *El teatre mallorquí del segle XX*. Palma: Documenta Balear. Quaderns d'Història Contemporània de les Balears, 33.

NADAL, Antoni (2005). *Estudis sobre el teatre català del segle* XX. Barcelona: Publicacions de l'Abadia de Montserrat. Biblioteca Miquel del Sants Oliver, 23.

RAGUÉ-ARIAS, María José (2000). *¿Nuevas dramaturgias? Los autores de fin de siglo en Cataluña, Valencia y Baleares*. Madrid: Centro de Documentación Teatral del INAEM.

La dansa des de la democràcia: moviment en expansió

Bàrbara Raubert Nonell[*]

S emblaria que, de dansa, n'hi ha poca, només mirant la carte-llera dels teatres catalans. Però, des del punt de vista creatiu, la dansa està avui en plena forma, és una art viva i amb moltíssi-mes ramificacions que la porten per terrenys variats i riquíssims, si bé és cert que no té una tradició prou consolidada en els circuits de presentació. A més a més, vivim una època on es plantegen canvis institucionals importants que afectaran el sector i que la professió mira amb optimisme, com feia temps que no ho feia... Sembla que el plany que havia anat associat a la dansa com a

---

* Bàrbara Raubert Nonell (Barcelona, 1974) és llicenciada en història de l'art i periodisme. Entre els anys 1998 i 2000, va col·laborar amb La Porta-Associació de Dansa Independent de Barcelona. Juntament amb Ester Xargay, va obtenir el premi de la Crítica del 2000 pel programa de televisió *Grup de treball*. Des del 2002, escriu crítiques de dansa per al diari *Avui*.

música de fons durant els darrers temps s'estigui fonent en cançonetes més alegres. Però tot això té una història que tot seguit analitzarem, sense una pretensió exhaustiva, sinó amb l'ànim de construir una visió representativa d'allò que han estat aquests gairebé trenta anys.

Els setanta, fam de renovació

La dansa d'avui i d'aquí té els inicis als anys setanta amb el gir que es produí (el segon més important, després que Joan Llongueres importés el *dalcronisme* a Catalunya) en l'evolució de la dansa a tot el món: el sorgiment de la dansa contemporània, un adjectiu prou ampli que engloba moltes maneres diferents d'entendre aquesta art del moviment, el temps i l'espai. Al nostre país, on la dansa clàssica havia tingut un conreu poc adobat des de la supressió de la companyia estable del Liceu que la deixà, per tant, sense referents, i on la fam de renovació postfranquista era un motor d'explosió, aquesta dansa nova va sorgir amb més força i llibertat que potser a qualsevol altre indret de l'estat espanyol. Per això, quan, la que seria una de les fundadores de La Porta (Associació de Dansa Independent de Barcelona), Ana Eulate, va arribar a Barcelona l'any 1989, es va trobar un panorama ben diferent del de Madrid, on havia passat els darrers vuit anys, ja que aquí, la tècnica i la tradició havien passat a un segon terme per donar lloc a un gust pel risc i per l'experimentació de la llibertat que la van meravellar (Eulate, 2005).

Així doncs, aquesta manca de tradició clàssica (perquè no teníem cap companyia de ballet estable) i contemporània (perquè encara era una novetat i aquí les fronteres havien estat tancades durant molt de temps) havia repercutit positivament a Catalunya amb el sorgiment de les companyies més intrèpides i va convertir la dansa en la proposta més vital dins les arts escèniques, apropant-la tant a directors teatrals (el mateix Ricard Salvat, per exemple, demana col·laboració a Marta Carrasco per al moviment espacial dels actors a *Ronda de mort a Sinera*, l'any 2002) com a poetes (és el cas d'Albert Roig que, per vestir els seus poemes, es col·locava entre Àngels Margarit i Alexis Eupierre, a *Salvatge cor*, l'any 2004) i músics, i a l'inrevés.

Per tal de contrarestar la manca de referents propis, que, segons Cesc Gelabert (1995), era inevitable ja que aquells que haurien pogut fer de pont, com Magrinyà, no ho van fer i es va haver de començar de zero, i per veure què hi havia més enllà de la tècnica clàssica, molts van marxar fora, sobretot a Nova York, on els experiments de la dansa més pròxima al sentiment quotidià, per un banda, i més abstracta de plantejament, per l'altra, produïen unes obres dins dels pressupòsits artístics de l'esperit trencador dels setanta. Per Nova York van passar Cesc Gelabert, Alexis Eupierre, Óscar Dasí i molts d'altres.

Encara hi va haver un altre canal d'entrada d'informació. Via Cannes, va venir la importació del jazz de la mà d'Anna Maleras que, després de seguir els cursos de Rosella Hightower, va fer de la seva escola i companyia Estudi Anna Maleras (1972) un focus d'energia cap a la dansa, amb múltiples activitats organitzatives que, a banda que l'estil jazz hagi quedat molt desvirtuat des d'aleshores, en aquell moment va significar una nova aproximació al fet de ballar. Com aquesta, van ser moltes les escoles que van proliferar durant la dècada dels setanta, així com els *stages* d'estiu (a

Mallorca, per exemple) i, com a segon esglaó en la dècada següent, els festivals com el de Castelldefels (1980), el de Sitges (1982) i el de Tàrrega (1982).

En la proliferació d'espais per a la dansa, n'hi va haver un que va marcar tota la primera i segona fornada de ballarins contemporanis: La Fàbrica (1981-1990), creada per Toni Gelabert i Norma Axenfeld el 1981. Al carrer del Perill de Barcelona, aquest espai industrial s'obria a tota la professió emergent perquè pogués desenvolupar i mostrar la seva feina, especialment aquelles opcions que no entraven en els espais de representació habituals i que allí gaudien de programació estable tots els caps de setmana. S'hi podia veure Ramon Oller, Francisco Lloberas, La Sota de Bastos (Jordi Cardoner i Mònica Extremiana) i Cesc Gelabert, entre d'altres.

És a partir d'aquest moment que l'Institut del Teatre, l'escola oficial de dansa sota la direcció d'Hermann Bonnín, es planteja d'obrir un departament de dansa contemporània el 1980, coincidint amb l'arribada del mexicà Gilberto Ruiz-Lang i les seves propostes de contacte amb altres arts d'avantguarda, com la pintura no figurativa, per motivar els ballarins.

Una mica de lluny, la política segueix aquestes passes alegres, i el 1982 es crea, dins del Departament de Cultura, un subdepartament de dansa que bienalment dóna subvencions per a creació, un any, i impulsa el circuit Dansa a Catalunya l'altre, i a partir de 1987 engega una línia de subvencions anuals. Aquest subdepartament de dansa comença estant dins del departament de música fins que el 1989 passa a dependre del de teatre. Finalment, el 2005 passa a estar dins el departament de Creació i Pensament Contemporanis, però sense departament propi.

És fàcil veure, en aquest deambular per seccions i subseccions, una mostra de l'evolució que ha tingut la dansa en aquests anys: primer lligada a la música (com inevitablement ho està la dansa clàssica), després al teatre (per influències nòrdiques de la dansa-teatre) i, finalment, fusionada dins un magma artístic multidisciplinar que s'anomena «pensament contemporani». Aquest fet apunta la incomprensió que sovint ha acompanyat aquesta art.

Les generacions d'una família en crisi

Hi ha una generalitat que ha marcat la dansa a Catalunya fins al moment actual: la permanent falta de recursos, amb la conseqüent dificultat per mantenir una companyia de manera estable. Per aquesta raó, sovint els creadors s'han centrat en obres de petit format interpretades pel mateix coreògraf, de manera que el paper del ballarí-intèrpret ha quedat devaluat en favor d'un co-reògraf-intèrpret-director.

Però, a part de la constant manca de recursos, durant aquest període de gairebé tres dècades s'han anat gestant generacions amb trets estilístics comuns, si bé amb excepcions de personatges que, per estil, s'encabrien en una generació diferent a aquella de la qual sorgiren. Així, es pot parlar de cinc generacions, durant les quals hi ha hagut una corba ascendent que va tenir el punt àlgid el 1992, quan es van crear la majoria d'iniciatives particulars que encara avui perduren. A partir d'aquell moment, va anar baixant i s'estancà lleugerament quant al sorgiment de noves propostes. Delfí Colomé (2003) analitza aquest moment com un procés de síntesi, si bé en l'actualitat la corba sembla remuntar, amb uns girs polítics que tot just s'inicien i que encara no es pot preveure com maduraran.

La primera generació busca una manera de moure's diferent, amb predomini de llenguatge fomal i minimalista, com en el cas d'Avelina Argüelles, fundadora d'Heura (1979-1984) –on ballarà inicialment Àngels Margarit– i Ramon Solé amb el seu Ballet Ciutat de Barcelona (1976-1996), que més que una companyia va esdevenir una plataforma de creadors com ara Toni Mira o Álvaro de la Peña.

La segona generació aprofundeix en la recerca d'una tècnica nova. Sabine Dahrendorf i Alfonso Ordóñez ho fan amb Danat Dansa (1984-2000), Ramon Oller amb Metros (1985), Maria Rovira amb Trànsit (1985), Àngels Margarit amb la seva companyia Mudances (1985), Cesc Gelabert i Lydia Azzopardi amb la companyia que coresideix al Hebbel-Theater de Berlin des del 1995 i que porta el seu nom, Cia. Gelabert-Azzopardi (1986), Juan Carlos García amb Lanònima Imperial (1987) i Toni Mira amb Nats Nus (1987). Paral·lelament, s'estableixen els festivals de Castelldefels (1980), Sitges (1982-2005) i Tàrrega (1982), i s'estrena el Mercat de les Flors (1983) com a centre de presentació.

En la tercera generació la improvisació salta a l'escenari i s'aposta per una visió més teatral, amb utilització de text i escenografies que prenen importància. Per a la historiadora Ester Vendrell (Garcia i altres, 2003), a partir d'aquest moment apareixen dues línies estilístiques: la dels creadors que han fet una síntesi de les tècniques de dansa de tot el segle xx, i la dels que han apostat per militar en les aportacions de la modernitat. Així, trobem creadors que mantenen un llenguatge corporal i una estructura escènica reconeixedors dins dels cànons d'allò que sempre s'ha considerat un espectacle de dansa i, al costat seu, una sèrie de propostes pròpies de cada creador respecte al vocabulari del cos i a la seva escriptura escènica, sovint més propers a la *performance* que a l'estructura d'un ballet.

Per tant, el ventall d'estils s'obre i es personifica, com el de Maria Muñoz i Pep Ramis amb Mal Pelo (1989) –un treball de la presència escènica–; Andrés Corchero i Rosa Muñoz amb Raravis (1989) –que, més enllà de tot formalisme, cerca continguts per crear moments d'intimitat–; Inés Boza i Carles Mallol amb Senza Tempo (1991) –a partir dels plantejaments de la dansa-teatre de Pina Bausch–; Carles Salas amb Búbulus (1991) –amb un component visual molt important–; Cia. Mar Gómez (1991) –que posa teatralitat i humor al servei de la dansa–; Cia. Sol Picó (1994) –amb una fisicitat extrema, el flamenc sobre puntes és la marca de la casa–; Álvaro de la Peña amb Iliacan (1994) –d'imatges poètiques i traces de narrativitat–; Ana Eulate amb Cia. Pendiente (1994) –una forta teatralitat lligada a l'absurd–; Carmelo Salazar amb La Vana Gloria (1995) –on el *kitsch* es fa moda i es busca trencar amb l'espectador–; Lipi Hernández amb Las Malqueridas (1995) –que introdueix la tècnica *release*–, i Alexis Eupierre amb Lapsus (1995) –on desborda energia i força–. Paral·lelament s'inaugura l'espectacle al carrer amb la voluntat d'acostar-se a un públic nou (La Porta, 1992), mentre que les institucions aposten per nous teatres: L'Espai (1992-2005) i el Teatre Nacional de Catalunya (1997).

Durant la quarta generació la línia amb el teatre es fa més fina, i també es barreja amb altres arts (música, vídeo). Els intèrprets s'interpreten a ells mateixos, hi ha una voluntat d'explicar-se, de fer autobiografia, com fan Sonia Gómez i Tomàs Aragay amb General Elèctrica d'Espectacles, Sergi Faustino i Emili Gutiérrez amb Projecte Gallina i Erre que erre (1996), i Bea Fernández, Sílvia Sant Funk i Mònica Muntaner amb Las Santas. En l'àmbit d'espais, Mal Pelo engega el seu centre de creació L'Animal a l'Esquena (2001) i a Barcelona sorgeix la Poderosa (2003), sota la direcció de Las Santas, i més recentment Areatangent (2005), oberta a noves propostes.

La cinquena generació és la que està sorgint en aquests moments. Ja no es pot parlar de ballarí, sinó que és més acurat dir intèrpret amb un plantejament que sovint conté elements de meta-llenguatge i un marcat gust per fer de l'espectador un *voyeur*, ja que el col·loca en el mateix nivell de l'intèrpret com a emissor d'e-nergies que cal tenir en compte. Com diu Toni Cots (2006), ballar no és reproduir una tècnica o una altra, ballar és una manera d'es-tar diferent. Aquest és el cas de Mireia Beryl-Segalés, Maju Fajardo i Elena Albert, que es poden veure a l'entorn de les pro-gramacions de La Porta i de Las Santas.

A banda d'aquests grups generacionals, també hi ha hagut altres propostes que estilísticament no es vincularien a cap d'a-questes, però que han tingut una importància destacada. Seria el cas de Thomas Noone Dance (1999), amb les seves obres de neo-clàssic de gran qualitat, Montse Sánchez i Ramon Baeza amb Increpación Danza de flamenc barrejat amb dansa contemporània i, sobretot, la Compañía de Ballet David Campos (2000), l'única companyia de dansa clàssica de Catalunya que, sota l'auspici de l'Ajuntament de Santa Coloma de Gramenet, ha sabut mantenir una formació estable al costat d'una escola pròpia i ha anat con-solidant un públic de clàssic que d'altra manera no té d'on ali-mentar-se, fora de les companyies estrangeres que anualment fan parada en alguns dels nostres teatres.

Un cas a part ha estat la creació, el 1997, d'IT Dansa, la jove companyia de l'Institut del Teatre, a mig camí entre una companyia professional (com a tal es presenten en els circuits de programació) i un postgrau becat (que és com es presenta als ballarins que hi accedeixen). Sota la direcció de Catherine Allard, provinent de la Compañía Nacional de Danza, i amb la col·laboració de nombrosos coreògrafs de prestigi, segueix un estil neoclàssic que s'allunya molt dels criteris estilístics de la majoria de companyies autòctones sorgides espontàniament. De fet, hi ha un ampli sector de la professió que, com Toni Mira (2006), no entén el perquè de la concepció d'IT Dansa, ja que abans que s'establís una companyia nova des d'una institució pública caldria haver tingut cobertes les necessitats dels grups que fa temps que lluiten per sobreviure.

A prop però lluny

Alguns dels creadors que han col·laborat en el creixement d'aquesta família desestructurada que és el conjunt de les companyies de dansa catalanes provenen tant del País Valencià (és el cas de Maria Muñoz, Mar Gómez o Sol Picó) com de les Balears (d'on és Pep Ramis), dos territoris amb situacions molt diferents.

Fins fa una dècada, tots els creadors valencians marxaven cap a Madrid o bé cap a Barcelona, on trobaven un impuls més gran a la seva carrera, però això va canviar quan el 1998 es va crear el Centre Coreogràfic de la Comunitat Valenciana, amb seu a Burjassot. Aquesta aposta institucional per la dansa agrupà el paper de dinamitzador, productor i distribuïdor, a més d'aixoplugar una companyia pròpia de setze ballarins i organitzar el Festival Dansa València, el més important de l'estat espanyol i que ja compta amb dinou edicions. A més a més, el sistema de subvencions va augmentar de manera que en deu anys es va passar de dues a disset companyies (Esteller, 2006), totes a la ciutat de València, i amb una línia estilística força homogènia: entre una base tècnica clàssica i un gust per la narrativitat, sense buscar mai un trencament amb l'espectador. De fet, les propostes més arriscades es veuen sobretot al festival VEO (València Escena Oberta), que des de fa quatre anys es presenta pels carrers i alguns espais insòlits de la ciutat, a part d'alguns teatres.

En canvi, a les Balears, el suport institucional està bàsicament inclinat a les propostes que lliguen més amb l'economia turística que els sustenta, és a dir, amb la dansa folklòrica, de la qual hi ha nombroses agrupacions i festivals tant a Eivissa com a Mallorca, on també cal mencionar el Festival Dansamànigues, que a l'estiu fa una mostra de companyies bàsicament clàssiques, de ballet espanyol i alguna de contemporània però amb solvència demostrada, com Cesc Gelabert en l'edició de 2006. A Mallorca, la dansa més arriscada encara està arraconada a alguns petits centres d'art contemporani i com a complement del Festival R'N'Rostoll, a Santa Maria de la Salut, on la coreògrafa Maria Antònia Oliver fa de programadora.

Els teatres i la dansa

La dansa requereix un espai de presentació que l'aculli d'una manera confortable, cosa que no tots els teatres poden oferir. En tot Catalunya, dels 503 espais escènics comptabilitzats pel Ministeri, només 30 exhibeixen dansa regularment (Fundació Interarts, 2005).

El Teatre Nacional de Catalunya presenta coproduccions de dansa des del 1999, bàsicament amb les grans companyies, però amb un compromís, des de l'any 2002, de residències per a companyies no tan grans amb el nom de Tdansa i on, fins ara, han participat Sol Picó (en les temporades 2002-2003 i 2003-2004) i Marta Carrasco (en les temporades 2004-2005 i 2005-2006).

Després del TNC, en grandària, ve el Mercat de les Flors, que enguany ha encetat una nova etapa sota la direcció de Cesc Casadesús, en la qual es reconverteix en Centre de les Arts del Moviment, un lloc a cavall entre el centre coreogràfic i el teatre amb voluntat educativa, que vol recollir diverses necessitats i moments diferents del procés de creació. El Mercat de les Flors forma part dels equipaments que configuren la Ciutat del Teatre, on la plaça Margarita Xirgu vertebra els tres espais teatrals: el mateix Mercat, el Teatre Lliure i l'Institut del Teatre.

El Teatre Lliure també ha multiplicat la seva aposta per la dansa des que va estrenar seu a Montjuïc, dins una línia de dansa avantguardista però amb un públic fidel. La seva sala Espai Lliure és un lloc perfecte per a espectacles de dansa no gaire grans.

Fora de la Ciutat del Teatre, hi ha altres sales que també acullen espectacles de dansa, com la Sala Beckett, el Teatreneu en la seva darrera etapa, i el recentment desaparegut L'Espai de Dansa i Música de la Generalitat de Catalunya, que mereix un punt i a part.

L'Espai

Creat el 1992 i tancat el 2006, l'Espai de Dansa i Música de la Generalitat de Catalunya ha estat un teatre important per a la dansa, com ho demostra el fet que hi han passat més de cent companyies, malgrat que la seva història hagi estat plena de contradiccions. Ja en la inauguració, amb un espectacle de Ramon Oller, el carrer estava ple de manifestants amb pancartes on es llegia «La dansa no avança» pel fet que el nou teatre no acollia totes les reivindicacions que bona part de la professió creia imprescindibles: no acceptaven la compartimentació de l'espai amb la música, i es creia que no tindria una projecció futura.

En canvi, vist amb la perspectiva de deu anys després de l'obertura, Ester Vendrell (2003) considera que l'Espai va ser la pedrera de la majoria de creadors que van consolidar el seu estil durant els noranta, tot i que aquest fet va coincidir amb una recessió econòmica que afectava la programació internacional i, en conseqüència, amb un estancament en el creixement de la dansa.

Durant aquests anys, el teatre que va dirigir Agustí Ros de 1992 a 1997 –mentre impulsava actes fora del centralisme metropolità com Imfordansa o Perifèrics– i Marta Garcia de 1997 a 2006 –amb els seus cicles Endansa– no va deixar de tenir detractors que el criticaven per qüestions tècniques, mentre elogiaven la feina dels gestors, especialment en la segona etapa. Malgrat que el públic fos insuficient, l'Espai permetia residències tècniques que cap altre teatre no oferia, i era una parada garantida per a totes les companyies catalanes que estrenessin espectacle, a més d'oferir dansa per als més petits. Tot i que va tancar amb la contrapartida de la renovació del Mercat de les Flors, aquest no podrà acollir totes les propostes heretades de l'Espai a més de les pròpies, de manera que s'ha creat un buit difícil d'emplenar.

Els més petits, una gran feina

Hi ha un grup de teatres de mida molt reduïda que fan un treball important dins de l'entramat ciutadà pel fet de mantenir uns preus molt assequibles i presentar treballs que no necessàriament estan acabats o compten amb un patrocini que els vesteixi per al gran públic. Es tracta de la Sala Beckett, la Sala Conservas, l'Antic Teatre i la Poderosa, sales alternatives que han possibilitat una proximitat molt gratificant per aquesta art que de vegades només amb les respiracions ja marca el ritme.

I al costat d'aquestes no es pot oblidar la feina que, des de fa sis anys, fan els centres cívics acollint dansa de petites dimensions, especialment el Centre Cívic de la Barceloneta, que també ofereix tallers, residències i una biblioteca amb un conjunt important de llibres sobre dansa. Les Golfes de Can Fabra és un altre laboratori on la dansa està en constant ebullició, i a la Casa Elizalde i al Centre Cívic de Les Corts la programació també és prou regular.

Les associacions

A banda de les iniciatives públiques com l'Espai o el Tdansa, hi ha hagut una sèrie d'iniciatives provinents del mateix sector professional que han arrelat i han fet una important contribució al desenvolupament de la dansa, ja sigui en l'àmbit col·lectivitzador (com l'Associació de Professionals de la Dansa, La Caldera) o en el mobilitzador (La Porta, IBA).

L'Associació de Professionals de la Dansa de Catalunya es va crear el 1984 per fer de portaveu dels professionals de la dansa davant de les institucions, però especialment eren les escoles les que hi estaven representades. A partir del 2002 l'Associació va voler vincular també les companyies i Toni Mira, de Nats Nus, va passar a ser-ne el president. Amb aquesta nova orientació, des del 2005 treballa per gestionar un *pacte de companyies* amb la voluntat de fer una regulació econòmica dels contractes dels ballarins dins d'uns barems.

La Caldera (Associació per al Desenvolupament de les Activitats Coreogràfiques) és el fruit de l'esforç de nou companyies de dansa per compartir un lloc d'assaig en condicions, en una antiga fàbrica de calderes de Gràcia. Nats Nus, Iliacan, Senza Tempo, Cia. Sol Picó, Trànsit, Lapsus, Búbulus, Malqueridas i Emergències Coreogràfiques es reuneixen el 1995 i, des d'aleshores, combinen horaris de les tres sales disponibles mentre intercanvien influències i caliu. A més a més, des de la Sala Zero, oberta el 1998, de tant en tant fan portes obertes per al barri que els acull i cada octubre i novembre encenen la Caldera Express, un projecte impulsat per Toni Cots –director del Teatre Obert entre el 1989 i el 1991, i qui actualment gestiona L'Animal a l'Esquena– per reflexionar sobre temes com el paper de la dramatúrgia en la dansa o crear un marc de treball entre coreògrafs i escriptors.

Nascuda el 1992, La Porta-Associació de Dansa Independent de Barcelona no ha estat l'única plataforma que s'ha creat per a la difusió de la dansa des que la Fàbrica va tancar (hi va haver també Barcelona Tallers, Hangar o Visual), però sí que ha estat la que ha demostrat més solidesa en el temps. La Porta va néixer de la mà d'Ana Eulate, Javier de Frutos i Carol Dilley per tal de mostrar els treballs propis i de tot un sector que emergia amb força, quasi espontàniament, mogut per les ganes i un clima olímpic que resultava propici a les demostracions. Així, es destacaren pels espectacles de petit format (que no eren reduccions d'espectacles grans, sinó un format en si mateix) i amb la complicitat de la Sala Metrònom, però sobretot de la Sala Beckett que, amb les seves petites dimensions, permetia una proximitat entre l'intèrpret i el públic molt favorable per a les noves propostes que s'hi plantejaven, i gràcies a les quals es va anar creant un públic de dansa contemporània dins d'un sector de població jove i obert a tot tipus de manifestacions artístiques, especialment les plàstiques. És per aquesta raó que el 1995 van rebre el Premi Ciutat de Barcelona i el 2001 el Premi de l'Associació de Professionals de la Dansa de Catalunya.

Actualment dirigida per Óscar Dasí, Carmelo Salazar i Ana Buitrago, i amb una cinquantena d'espectacles programats a l'esquena, gràcies al canvi en la línia de subvencions, el 2005 van creure convenient engegar un nou tipus de programació anomenat «cicles» en lloc de «portes» (que estaven formades per tres o quatre peces juntes que es podien veure durant un cap de setmana), per tal de mostrar aspectes més tangencials i així apropar i revelar la dansa des de perspectives diverses, com l'escriptura, en l'edició del desembre de 2005.

La relació de la dansa amb la música ha tingut també una evolució paral·lela a l'evolució de la dansa pròpiament i, encara que cada creador l'utilitza com vol, és un fet que la dansa contemporània no té una relació de necessitat amb la música, és una relació entre iguals i se'n fa un ús molt lliure. Tanmateix, quan el 1984 els músics Agustí Fernández, Joan Saura i Carles Santos van convocar una reunió a la Caldera per proposar als ballarins una nova relació de més *respecte* entre les dues arts que representaven, ja s'intuïa una manera de vincular-se que podia donar molt bons fruits. I un n'ha estat l'Improvisadors de Barcelona Associats (IBA), una associació nascuda el 1998 al bar del Taller de Músics, el JazzSí Club, entorn del ballarí Andrés Corchero i dels músics Agustí Fernández, Joan Saura i Liba Villavechia. En la intimitat del petit bar del carrer de Requesens van normalitzar una relació entre músics i ballarins en un context d'improvisació amb actuacions setmanals fins al 2001. Des d'aleshores es manté com a Festival de Música Improvisada de caràcter anual però amb constants contactes amb la dansa, com es va poder veure en la darrera edició del Festival Tensdansa, de Terrassa, on van participar els components d'IBA, Joëlle Leandre, Anna Subirana, Inma Udina i Maddish Falzioni, al costat de les ballarines Vera Mantero, Maria Muñoz, Mònica Valenciano i Sofia Asencio.

El patrimoni de la dansa, un pas i què en queda

La dansa, com a art efímera que és, té uns grans aliats en el vídeo i en l'escriptura que la fan perdurar en el temps. El primer és objectiu però limitat; la segona és subjectiva però il·limitada en l'aprofundiment del material que tracti: ja sigui des del punt de vista de la crítica com a pont entre el creador i un públic generalista –que tots els diaris mantenen tot i que dins d'uns espais cada cop més reduïts per raons de disseny i d'agenda periodística–, com des de les revistes especialitzades enfocades a un espectre de la societat ja iniciat en aquest art.

Però d'aquestes últimes, a Catalunya no en tenim cap exemple, fora de l'edició digital que funciona irregularment des del 2005, www.compasbcn.com. Després de desaparèixer, una darrere l'altra, les revistes *Monsalvat* (1973-1992), *Dansa 79* (1979-1987), *Dansart* (1997-2000), i la més modesta, *La Portavoz* (1994-1997), el terreny ha quedat verge i aquells qui busquin referències només les poden trobar en revistes estrangeres o editades a l'estat espanyol (*Por la danza*, *SusieQ* i *Cairon* a Madrid, *Tiempo de danza* a Múrcia, *Diálogos de danza* a València o *Danza en escena* a Logroño).

Dins dels esforços per fer arrelar la dansa, festivals i mostres han tingut i tenen un paper important a l'hora de donar a conèixer un material que s'hauria de convertir en quotidià i crear uns hàbits que haurien de ser habituals, però que encara no ho són. El Festival d'Estiu Grec, a Barcelona, amb vint-i-cinc anys d'història, i el Festival de Tardor de Catalunya o Temporada Alta, a Girona, amb catorze, són els festivals pluridisciplinars més importants que hi ha a Catalunya. En tots dos la dansa hi té un paper important i es promouen coproduccions d'espectacles, però com a exemples més destacats de festivals únicament de dansa cal destacar el Festival Tensdansa, la Mostra de Vídeodansa i Dies de Dansa.

En l'edició del 2005 de Tensdansa, aquest festival que dirigeix la coreògrafa Àngels Margarit a la seva ciutat natal, Terrassa, ha fet un salt endavant i, només en tres edicions, s'ha convertit en un certamen internacional i complet, que a més a més de propostes interessants, com van ser les de Vincent Dunoyer o Vera Mantero en la darrera edició, no deixa de banda el públic escolar ni el format de videodansa.

La Mostra de Vídeo Dansa va sorgir el 1985 com una proposta particular de la realitzadora Núria Font i la coreògrafa Elisa Huertas, que veien el vídeo com una bona eina per potenciar la dansa a través de la imatge i ampliar-ne les fronteres, tant com a forma de difusió com de creació. L'any 1988 el Departament de Cultura de la Generalitat de Catalunya va recollir aquesta iniciativa i va aportar els recursos econòmics i estructurals necessaris perquè es pogués desenvolupar fins al 2002, any en què va tornar a les mans de Núria Font i l'associació que havia creat, Associació per la Creació NU2. A més de complir un rol com a espai d'exhibició de la producció internacional de més qualitat, ha estimulat la creació al nostre país, donant suport a la producció a través del concurs de projectes convocat juntament amb Televisió de Catalunya i incidint en la formació mitjançant els tallers de videodansa que s'han organitzat durant diverses edicions.

El 1990 Televisió de Catalunya va iniciar la coproducció dels projectes del concurs i a partir de llavors aquest es convoca cada dos anys, alterns als de la realització del festival, per tal que les obres escollides es puguin estrenar a la mostra. Fins ara, els autors catalans que han rebut aquest suport són Joan Pueyo amb Maria Muñoz –*Tango* (1988) i Maria Muñoz (1992)– i amb Sol Picó –*No paris* (1996)–; Óscar Dasí –*Humit* (1988)–, amb Carmelo Salazar i Agus Garcia –*Escenari* (1994) i *Phantasmata* (2000)–; Joan Carles García i Josep Maria Botines –*Tempus fugit* (1988)–; Jordi Teixidó i Mal Pelo –*Aral* (1990) i *Mundana* (1994), *Dansarium* (1990)–; Lola Puentes –*Nemo* (1990)–; Toni Mira

–Graons (1992)–; Julián Álvarez *–You are a dead man* (1994)–; Senza Tempo *–Capricho als terrats* (1996)–; Lanònima Imperial i Agus Garcia *–Inquieta* (1996) i *Orfeu lateral* (2002)–; Pere Jané, Andreu Cruz i Isidre Jané *–Là-haut* (1998)–; Rebeca Comerma, Patricia Ferrando, Marc Riba i Anna Solanas *–Les autoritats sanitàries adverteixen: protegiu els nens* (1998)–; Jordi Teixidó i Neus Ferrer *–UEV* (1998)–; Guillem Morales i Erre Que Erre *–Divadlo* (2000)–; Joan López Lloret i Tomàs Aragay *–Ésser un bon peix* (2000)–; Anna Rovira *–Foie fou* (2002)–, i Rosa Sánchez *–Blank e.motive* (2002)–. I així s'ha anat construint una col·lecció de videodansa autòctona que és una mostra dels estils més variats que sorgeixen al nostre país. Des de l'any 2002, en què la mostra va desaparèixer del Centre d'Art Santa Mònica, s'ha pogut veure en el Festival Tensdansa, i també vinculada al centre de creació L'Animal a l'Esquena, i en aquests moments s'està preparant una nova edició a Barcelona per al 2007.

Però si el format de videodansa es restringeix a un espai tancat al qual el públic ha d'accedir intencionadament, és a dir, quan ja sap allò que va a veure, hi ha un format de dansa que és el més tot-terreny pel lloc on es presenta i per la capacitat d'apropar-se a la gent: Dies de Dansa, actualment sota el segell del Festival Grec, que sempre ha estat un èxit de públic des que el 1990 Juan Eduardo López va concebre aquesta mostra d'espectacles de dansa contemporània en diferents espais de la ciutat. Seguia la idea de la I Marató de Teatre, Dansa, Música i Circ que havia sorgit sis anys abans com a resposta a la falta d'espais disponibles per a la representació i per apropar l'art contemporani a un públic no especialitzat. De resultes del seu bon funcionament s'ha creat tota una xarxa internacional que agrupa vint-i-tres festivals de dansa en paisatges urbans anomenat Ciudades que danzan.

Passos per a un futur obert

Si bé la dansa és un sector amb gran prestigi internacional, aquí només compta amb un reduït públic local que, en aquests moments, observa un lleuger estancament. Les dades que il·lustren la situació comptabilitzen que, de la setantena de produccions de nova creació anuals, només una vintena són espectacles de dansa, les quals realitzen de mitjana menys de deu funcions per espectacle i sovint només duren tres dies en cartell (molt inferior a la realització de 75 funcions del conjunt de les arts escèniques). De fet, només el 7,6% de la població assisteix a representacions de dansa, davant d'un 29,9% que assisteix al teatre (Cambra Oficial de Comerç, 2005). I tot i que la distància entre l'una i l'altre no hauria de ser tan gran, Andrés Corchero (2005) explica la confrontació entre aquestes dues arts escèniques com la que existeix entre poesia i narrativa, un paral·lelisme que també apunta el crític de dansa Joaquim Noguero (2000), ja que tant la dansa com la poesia s'estructuren en ritmes, igual com la música. El mateix autor també ens mostra les similituds de la dansa amb l'escultura (perquè creen volums), amb la pintura (perquè tracen formes i omplen de colors) i, és clar, també amb el teatre (perquè construeixen espais i temps ficticis).

Així doncs, per què segueix la dansa a la cua del consum cultural? Per què no se n'ha normalitzat la presència en els teatres en lloc de ser una excepció? La raó principal és que necessita un format específic en la projecció per tal d'arribar al públic, i no sempre el té. Cal que existeixi una programació pròpia –però gairebé sempre està barrejada amb el teatre i programada per gent de teatre– i una promoció que ajudi a comprendre allò que s'està fent i, aprofitant la força plàstica d'alguns dels espectacles, projectar-los a través dels mitjans que amb més força la propaguin, com la televisió. Actualment, però, només existeix un programa que parli sobre dansa a la televisió: a TV3 i 33, *Nydia*, en un horari impossible (dissabte a 2/4 de deu del matí) on tant es parla de cobla i sardanes (sobretot), com de creadors de dansa contemporània com ara Sol Picó (molt de tant en tant), però que anirà confegint, a poc a poc, un cos de material d'estudi.

Per altra banda, hi ha la qüestió de l'educació, perquè com diu Marta Garcia (2003), la dansa no es pot permetre més generacions de públic sense referents i, per tant, cal esborrar el desprestigi associat a les arts que, com aquesta, no es basen en la paraula enraonada. Aquest és un dels motius de la manca d'impuls de la dansa, ja que no es pot fer servir de bandera lingüística com sí que es pot amb el teatre, que representa el 60% de la recaptació total i el 91% dels espectadors d'arts escèniques. Una altra raó que també n'és conseqüència és que no existeix en els programes de formació generals, ni com a activitat extraescolar. Per això, iniciatives com la de Nats Nus –que, dins la seva residència a Sant Cugat, han fet un programa a les escoles per impartir dansa creativa dins de l'horari de la classe de música, amb material d'un espectacle que al final del programa els mateixos alumnes veuran al teatre– són una aposta de futur.

En l'àmbit universitari, el curs acadèmic 2006-2007 s'ha endegat el primer Màster en pràctiques artístiques contemporànies i difusió a la Universitat de Girona, impulsat pel centre de creació de L'Animal a l'Esquena, a Celrà (a partir del concepte del gestor Toni Cots, que vol que es converteixi en un centre de reflexió a més de creació), sobre coreografia, escriptura, arts visuals i mitjans electrònics. Aquesta titulació serà compartida amb universitats de l'estranger com Rotterdam, Ljubljana, Vilnius i Dartington, i esdevindrà la primera titulació universitària a l'estat espanyol que es refereix a la dansa i que conté un vessant pràctic a més a més d'una d'anàlisi i reflexió, que és el terreny menys adobat al nostre país. El fet que una iniciativa tan important sorgeixi fora del centralisme de Barcelona és gràcies a la llibertat que atorga la perifèria, ja sigui geogràfica com de pensament, segons Toni Cots (2006), i que permet arribar molt més lluny que no pas partint del centre, on de vegades sembla que s'hagi de decidir tot.

Mentrestant, el darrer canvi de color del govern va fer una mirada focalitzada en la dansa i la va convertir en una de les seves banderes d'actuació, i tot d'una va emprendre accions tan dràstiques com tancar l'Espai, canviar el sentit del Mercat de les Flors i modificar el sistema de subvencions. Amb els recursos triplicats per a les companyies, encara cal veure com els creadors gestionaran aquests diners, si bé l'alegria és palesa quan, a més a més, ja no cal ser una entitat empresarial, amb tot el que això suposava de gestió i esforços que no podien invertir-se en la creació pròpiament dita, i amb un present més còmode per treballar. És difícil preveure com aquests canvis polítics afectaran la qualitat artística del sector, si bé actualment el ventall d'influències cada cop és més ampli, i en un territori petit com el nostre trobem una gran diversitat de llenguatges i estils amb barreja d'arts i tecnologies diverses.

Però, tot i la aposta política del tripartit, que va voler apropar-se a la professió i escoltar-ne les reivindicacions, el que també cal és incidir en futures generacions perquè el públic no pot sorgir del no-res, i sense ell la dansa no pot viure. I per això només cal formar gent oberta de pensament, disposada a ser incomodada, si cal, però sobretot persones contentes de sentir i pensar lliurement. Això és el que els pot oferir la dansa.

Nota bibliogràfica

CAMBRA OFICIAL DE COMERÇ, INDÚSTRIA I NAVEGACIÓ DE BARCELONA (2005). *El sector cultural a Catalunya*. Barcelona: La Cambra.

COLOMÉ, Delfí i altres (2003). *10 anys endansa, 1992-2002*. Barcelona: Departament de Cultura.

CORCHERO, Andrés (2005). Entrevista amb l'autora. Barcelona, setembre.

COTS, Toni (2006). Entrevista amb l'autora. Barcelona, febrer.

ESTELLER, Sara (2006). «La danza en la Comunidad Valenciana». *Diálogos de Danza*, núm. 3, pàg. 23-28.

EULATE, Ana (2005). Entrevista amb l'autora. Ais de Provença, agost.

FUNDACIÓ INTERARTS (2005). *Anàlisi de la dansa a Catalunya*. Document de treball inèdit encarregat per l'Associació de Professionals de la Dansa de Catalunya.

GARCIA, Marta i altres (2003). *10 anys en dansa, 1992-2002*. Barcelona: Departament de Cultura.

GELABERT, Cesc (1995). Entrevista dins del vídeo *Danza contemporánea en España*, amb guió de Montse G. Otzet i Elsia Huertas. Canal Dansa.

MIRA, Toni (2006). Entrevista amb l'autora. Barcelona, febrer.

NOGUERO, Joaquim (2000). «La dansa contemporània, entre dos focs». *Barcelona Metròpolis Mediterrània*, núm. 52 (juliol-setembre), pàg. 11-21.

Entre la crònica i la crítica. Notes per a un estudi sobre la crítica teatral (1975-2000)

Gabriel Sansano[*]

H abituats com estem a parlar de l'art teatral com un fet efímer, les monografies de la col·lecció d'assaig Argumenta es proposen de fixar una certa memòria crítica d'aquest no-res, d'aquest afany, art o passió, que per a una part de la societat encara ho és tot. Però, si l'art escènic és un simple alè, trencadís, en l'espai buit, què en podrem dir de la crítica, de la glossa, que posa el punt de mira en una creació essencialment efímera?

A més, cal recordar que les relacions entre l'un i l'altra no sempre han estat fluïdes, de tal manera que s'ha assumit com un fet

* Gabriel Sansano (Elx, 1961), professor de literatura i d'història del teatre en la Universitat d'Alacant, ha publicat *Quan callen les pedres. Martí Domínguez Barberà, 1908-1984* (1996) i, en col·laboració, *Sainets il·licitans de la Restauració, 1874-1896* (1998) i *Història i crítica de la Festa d'Elx* (1998). Ha dirigit el *Diccionari de la literatura valenciana actual, 1968-2000* (2001).

normal que periòdicament les tensions entre professionals d'una banda i altra del pati de butaques, entre els que se situen davant de l'espectador i els que hi seuen al costat o darrere, desemboquen en sonades polèmiques en els diferents mitjans de comunicació, quan no arriben a les mans o als jutjats de guàrdia. En aquest context, de vegades agre, el més sorprenent de tot és que sense els professionals de l'efímer, no existiria la crítica, i que la crítica teatral –i la història–, gairebé és l'únic camí per a fer durador, per a deixar constància de la creativitat, per a projectar el testimoni del present d'aquest no-res cap al futur, cap a la memòria de les generacions futures.

És clar que l'art escènic i la crítica són arts o disciplines complexes i diverses, que no sempre van a l'hora, però m'agrada subratllar aquest grau de dependència entre l'un i l'altra que, en els moments de més excitabilitat, em recorden aquell poema de «Contra Jaime Gil de Biedma», que el mateix poeta va escriure sobre les seues pròpies contradiccions:

> Y si yo no supiese, hace ya tiempo,
> que tú eres fuerte cuando yo soy débil
> y que eres débil cuando me enfurezco...

Remarque aquest punt de dependència relativa o transitòria perquè, per exemple, crec que estarem d'acord que el teatre independent, agafat en conjunt, trobà en la crítica més jove un escambell, un altaveu, des d'on fer-se escoltar, des d'on amalgamar esforços o reclamar l'atenció sobre el seu treball i interessar-hi un públic nou. Sense aquells crítics que apostaren per aquell nou teatre, potser el camí recorregut per aquells grups i per aquells directors hauria estat més pedregós i incert encara.

Això no obstant, el fet cert és que gairebé no s'han realitzat estudis sobre la crítica teatral durant el període acotat. Tant és així que, en línies generals, sabem com ha evolucionat el teatre català des del teatre independent fins als dramaturgs més joves, ja postBelbel; podem afirmar que hi ha hagut un recanvi en la crítica, i que l'actual generació de crítics, Ordóñez, Noguero, Massip, Olivares, Foguet, etcètera, pràcticament no té res a veure amb l'anterior, i molt menys amb la que va precedir l'anterior. Però malgrat aquestes constatacions, no podem respondre interrogants com els següents: com ha estat l'evolució del discurs de la crítica teatral catalana des de *Yorick*, *Destino* o *Tele/eXprés* fins ara? Què hi va canviar amb l'aparició de crítics com Pérez de Olaguer, Xavier Fàbregas, Joan Anton Benach, Joan de Sagarra, Santiago Sans, Ricard Salvat, etcètera? Per què uns crítics van abandonar el seu ofici setmanal, per què hi van renunciar? Quins foren els fonaments teòrics d'aquells i quins són els dels actuals? Quins ponts de diàleg existien entre els professionals de l'escena i el crític, i quins existeixen avui dia? De tot això, gairebé no en sabem res. És una història per escriure, una evolució que forçosament va lligada a l'evolució del teatre –i, segurament, dels mitjans de comunicació– del període que ací ens interessa.

Ara i aquí, tan sols intente apuntar algunes dades que em puguen servir per a començar a estudiar quina ha estat i com ha evolucionat la crítica teatral catalana en el darrer terç del segle xx. En aquest sentit, he volgut fer una aportació bibliogràfica que done compte de testimonis diversos, de punts de vista divergents. Tot plegat haurà de servir per a un debat enriquidor que ens mene a un coneixement aproximat del que va ser la crítica teatral durant aquests anys. Crec que la revisió de tota aquesta documentació servirà per a resituar tot un seguit de professionals que han estat fonamentals, el treball dels quals no sempre ha estat valorat ni reconegut en la seua justa mesura.

Elements per a un debat

Com ja he apuntat adés, fa molt de temps que la «vida literària i artística» ha assumit com un batec més del seu ritme les esbatussades entre creadors i crítics. Si més no, des del segle XVII, quan el poeta Vicent Garcia, en un sonet molt conegut, acusava el lector crític de ser un ase. Més modernament, l'intercanvi d'improperis entre novel·listes –el gènere més popular– i crítics de manera periòdica és un episodi que sempre, en un moment o altre, anima de forma contundent les pàgines literàries o les columnes d'opinió d'una capçalera o altra.

Cal recordar que no hi ha cap altra manifestació artística en la qual una crítica afecte tantes persones com en les arts escèniques –la ressenya d'edicions teatrals entre nosaltres és mínima–. Així, mentre una lloança o valoració positiva pot afectar dues o tres persones (el director, algun actor o actriu, l'autor o, potser, l'escenògraf), una valoració dolenta afecta pràcticament tots els membres del gremi que intervenen en el muntatge, amb caps de turc evidents. En aquest segon cas, els afectats, a la mínima que poden, s'hi tornen i capolen (sobre el paper, és clar) tota mena de crítics i familiars d'aquests.

No exagere. Vegeu la imatge del «crític» que fan circular en les seues obres alguns dramaturgs com Carles Soldevila a *Bola de neu* –un crític d'art–, o Joan Oliver a *Primera representació*, o la molt més àcida de Joan Abellan a *Eclipsi* (1986). Abellan ens presenta un crític egòlatra, cocaïnòman, alcohòlic i corrupte, reduït al paper de «cronista», el qual, amb les seues crítiques provoca el suïcidi d'una jove promesa de l'escena i, alhora, mor assassinat a mans d'una altra víctima dels seus textos, que venja la mort del primer. Ignore si Abellan, mentre escrivia, tenia en ment cap model de crític concret...

Però, si abans les baralles es produïen entre el primer actor o actriu, l'autor o l'empresari, al llarg del segle XX, a causa del paper de primer ordre que ha adquirit el director, actualment és l'enfrontament entre aquest i el crític de torn, el que focalitza les polèmiques més sonades. Tant és així que ja fa dècades que –en qualsevol mena de debat que s'organitze gremialment o conjuntament– s'ha arribat a una espècie de situació paradoxal segons la qual, si fa no fa, els crítics semblen saber com no han de fer el teatre els directors d'escena i la resta de professionals, mentre que aquests saben perfectament com han d'exercir el seu ofici els crítics, els quals, d'altra banda i com tothom sap, «són directors, autors, actors, etcètera, frustrats i negats». A partir d'aquest punt el diàleg esdevé un intercanvi de desqualificacions del tot estèril que impossibilita la comunicació fluïda necessària i productiva entre uns i altres (vegeu, si no, els dossiers apareguts sobre el tema en revistes com ara *El Públic* [núm. 52], *Primer Acto* [separata del núm. 222] o *ADE* [núm. 29 i 43-44]) .

No obstant això, segons un director i especialista teòric en la direcció com Juan Antonio Hormigón, no hi ha cap moviment de renovació teatral que no haja comptat amb un suport de crítics concrets (Romera, 2004: 184). En aquest punt, ja he esmentat l'exemple del teatre independent, i no és difícil posar-ne d'altres de més recents. Si això ha estat així, per què avui dia ja no ho és? Per què es produeix aquesta dissensió tan agra entre dos professionals que es necessiten mútuament?

Els viaranys de la crítica

No és la meua intenció analitzar quins són els trets essencials que configuren o determinen el discurs crític, o exposar un decàleg de les normes bàsiques que segueixen els crítics més exigents, o que fóra bo que seguiren, etcètera. En la nota bibliogràfica final el lector pot trobar opinions diverses sobre què és o ha de ser la crítica que ara ens interessa, a fi que puga acarar parers i traure'n algunes conclusions. Exposades en contextos i modulacions diferents, les reflexions sobre aquest ofici de Farreras (1967), Fàbregas (1973, 1976 i 1980), Abellan (1995), Ordóñez (1996 i 2003), Casas (1998), Massip (*Avui*, 1-IX-2003 i 10-XI-2003) o Noguero (2004a i 2004b), per exemple, forneixen un ventall acolorit pel que fa a metodologies i opcions. A més, s'hi poden afegir les observacions de directors escènics com Guillermo Heras (1994), o més genèriques, les de crítics com Manel Ollé o Sanz Villanueva (Ródenas, 2003), que fins i tot inclou un decàleg de normes sobre l'exercici de la crítica, que parcialment pot ser aplicable al tema que ens interessa.

En termes generals, avui dia la qüestió disposa d'una bibliografia abundant, sobretot pel que fa a la crítica literària *lato senso*, i no tanta, pel que fa a la dramàtica o escènica. Tant és així que fa temps que estem instal·lats, manllevant els mots de Peter Hamm (1971), en la crítica de la crítica –i fins i tot, en la crítica de la crítica de la crítica–, com podem veure, entre els diversos exemples possibles, en les regles o normes que segons Javier Marías (2000) haurien d'observar els crítics, o alguns d'aquells que s'ocupen de la narrativa en particular.

Pel que fa a la crítica teatral catalana en un sentit estricte –deixant de banda el que en pensen els mateixos crítics–, el tema ha estat poc investigat. És cert, però, que hi ha estudis notables sobre les característiques d'aquesta crítica en tant que discurs textual, com l'efectuat per Xavier Vellón (2000). El que no trobe és una avaluació de l'evolució de l'exercici de la crítica de les arts escèniques en els darrers trenta o quaranta anys, per reduir l'anàlisi a un període temporal concret que, si fa no fa, és el que aquí ens interessa. I malgrat aquesta manca d'estudis, es pot constatar que en el nostre context escènic fa temps que hem entrat en el joc de «la crítica de la crítica».

És per tot això que sí que m'interessa esbossar en aquest apartat els camins, les veus, els discursos, que ha seguit el que tradicionalment –grosso modo– hem considerat crítica teatral o de les arts escèniques catalanes, feta des de Barcelona, amb totes les imprecisions o buits que un esquema tan bàsic pot implicar. Valga, doncs, en tant que panorama descriptiu.

Durant la dècada dels seixanta, a més de la informació succinta de caràcter netament periodístic, podem diferenciar tres línies ben diferents, tot i que, no poques vegades, complementàries: d'una banda, la crònica, més lligada a l'exercici periodístic d'informar o d'alçar acta d'un esdeveniment teatral; de l'altra, la crítica tradicional, en retrocés davant la crítica «independent» o nova, renovada a bastament des de les planes de revistes com *Yorick* (1965-1974) i amb noms com Gonzalo Pérez de Olaguer.

Entre l'una i l'altra, sempre hi havia el «comentari» teatral, fruit del gust i formació teatrals de lectors/espectadors llegits i informats, amb freqüència procedents de la mateixa escena, com veurem tot seguit.

Així, durant la dictadura franquista ens trobem el costum o la voluntat de la premsa en general o de les revistes especialitzades (com la premsa esportiva), d'informar sobre la realització de tota mena de festivals, gires, representacions comercials o de cambra, publicacions, i qualsevol notícia relacionada amb la faràndula. Però, des dels primers anys seixanta, a més, comença a produir-se una renovació de la crítica teatral que es caracteritzarà per una atenció i suport al teatre independent. Es tracta d'una renovació que venia de la mà de Pérez de Olaguer, Xavier Fàbregas, Joan Anton Benach, Joan de Sagarra, Santiago Sans, etcètera.

Al marge de la vella i nova crítica, hi havia altres aportacions degudes a personatges que seguien uns criteris més lliures i singulars, perquè no s'ocupaven del conjunt de l'activitat teatral, sinó tan sols d'allò que els interessava des del seu gust particular. Casos com els de José María Rodríguez Méndez (*El Noticiero Universal*), autor dramàtic madrileny veí de Barcelona, o Ricard Salvat (*Tele/eXprés* o *Diario de Barcelona*), director d'escena i de l'EADAG, són ben representatius d'aquest tipus de «comentaristes crítics», una activitat que els mateixos autors s'encarregaven de remarcar tothora que el que feien no eren crítiques teatrals, sinó «comentaris» sobre teatre.

Tot plegat serveix per a recordar que ja fa temps que hi ha un cert consens sobre el fet que no hi ha una sola manera d'exercir la crítica teatral, sinó diverses. Així, s'acostuma a diferenciar entre a) crítica informativa; b) impressionista o del gust; c) crítica raonada o personal (Rodríguez Méndez 1972 i 1974, per posar-hi un referent); i, finalment, d) crítica descriptiva, analítica i objectiva (Romera, 2004: 183-184). A partir d'aquí, s'hi poden introduir tots els matisos que es vulguen però, amb més bona voluntat o amb una formació més sòlida, tots els crítics han anat fressant per una o altra d'aquestes senderes al llarg de la dècada dels setanta, vuitanta i noranta.

Els espais i les veus

L'any 1975 i següents, si fa no fa, la crítica teatral era exercida majoritàriament per una generació relativament «jove» de crítics que s'havien iniciat en l'ofici al llarg de la dècada anterior. En aquest punt, potser paga la pena recordar que en iniciar-se la dècada dels anys seixanta, la crònica teatral oficial a Barcelona era exercida per María Luz Morales (*Diario de Barcelona*), Antonio Martínez Tomás (*La Vanguardia*), Luis Marsillach (*Solidaridad Nacional*), Manuel de Cala (*El Noticiero Universal*), José María Junyent (*El Correo Catalán*), Antonio de Armenteras (*La Prensa*), Fernando Lience (*El Mundo Deportivo*) o Celestí Martí Farreras (*Destino*), a més d'alguns altres noms. En termes generals, gairebé tots ells eren persones formades abans de la guerra d'Espanya (1936-1939), molt atentes al teatre oficial, als «gustos» –inversions– de les empreses teatrals, als grans noms de l'escena (actors, actrius o dramaturgs), i a la funció d'entreteniment del teatre, a l'obra innòcua, a la *pièce bien faite*.

A poc a poc, la major part d'aquest noms van ser desplaçats per uns altres més atents al que llavors se'n deia teatre «experimental», «de cámara» o, més endavant, «independiente». Així, ens trobarem amb els noms de Julio Manegat (*El Noticiero Universal*), Enrique Sordo (*Solidaridad Nacional*), Frederic Roda (*Destino*), Gonzalo Pérez de Olaguer (*Revista Europa*), o Martí Farreras, que havia passat a *Tele/eXprés*. A tots aquests, cal afegir-hi el de Xavier Fàbregas, que havia començat la seua tasca de crític en el pas de la dècada dels anys cinquanta a la dels seixanta, en publicacions més modestes, però significatives, com *La Pipironda* o *Canigó*.

Una part d'aquesta nova sensibilitat crítica (Manegat, Sordo, Martí Farreras) i altres com Jover, Miralles o Pouplana, sota l'impuls de Pérez de Olaguer, donaren forma a *Yorick. Revista de teatro* (1965-1974), una capçalera –juntament amb *Primer Acto*, feta a Madrid des de final dels anys cinquanta– de referència obligada i una finestra oberta al teatre que es feia arreu d'Europa, molt atenta al teatre independent i a les noves estètiques escèniques.

Paral·lelament, des de mitjan dels seixanta, cal esmentar altres noms significatius per la seua evolució posterior, com són els de Joan de Sagarra o Joan Anton Benach (*El Correo Catalán*), Santiago Sans (*Destino*), Salvador Corberó (*Hoja del Lunes*, *Dicen*). A partir dels setanta, el ball de noms i capçaleres és més agitat i ara tan sols esmentaré el de Ricard Salvat (*Tele/eXprés*).

Malgrat que al llarg d'aquests anys –sobretot a partir de 1976– es produeix una renovació –i defunció– de les capçaleres on exercir l'activitat crítica, en línies generals, es pot dir que aquests eren els crítics més significatius que exercien el seu ofici amb uns plantejaments «moderns» que poc tenien a veure amb la «crítica vella», que encara subsistia aquí i allà, com per exemple,

María Luz Morales o Martínez Tomás, que continuaren com a crítics titulars fins que al final dels anys setanta van ser substituïts –transitòriament– per Pérez de Olaguer i Castells (1977) i per J. Espinosa Bravo (1978) al *Diario de Barcelona*, i Joan de Sagarra (1980) a *La Vanguardia*.

Amb tot, hi ha un fet que cal posar en relleu i es tracta de la importància que des del final dels seixanta i durant tota la dècada dels setanta –i part dels vuitanta–, una sèrie de publicacions de periodicitat diversa assolisquen un pes cultural enfront dels diaris. Així, a més de la crítica exercida des de les planes de publicacions com *Destino*, cada vegada guanya en presència –paral·lelament al pes específic polític o cultural que adquireixen les mateixes revistes–, l'exercida des de publicacions mensuals o setmanals, ja en català, com *Serra d'Or*, *Canigó*, *Oriflama*, *Gorg*, etcètera, a banda de les pròpiament gremials, com la ja esmentada *Yorick*, *Primer Acto* o *Pipirijaina*.

Així, cal afegir altres noms atents al nou teatre, com els de María José Ragué-Arias, Josep A. Codina, Francesc Jover, Alberto Miralles, Ramon Pouplana, entre altres, que col·laboraren regularment a *Yorick* –sense oblidar Benach o el mateix Fàbregas–, o de més joves que es donaren a conèixer al llarg de la dècada dels anys setanta, com Joan Castells a *Oriflama*, Àlex Broch a *Canigó*, Jaume Fuster, Joaquim Vilà, Guillem-Jordi Graells, Joan Anton Vidal, Francesc Burguet, Rodolf Sirera, Josep Lluís Sirera, Nel Diago, etcètera.

Aquesta presència generosa de la secció de teatre en les capçaleres més politicoculturals derivava de l'interés que despertava el fenomen del nou teatre, un interés que, pel cap baix, continuarà fins als primers anys vuitanta. Deixant de banda la necessitat de la pròpia «professionalització» del crític, la dedicació de molts d'aquests a unes publicacions que per la seua mateixa periodicitat els distanciaven de les estrenes immediates, cal explicar-la, en part, pel fet que

> «La crítica profesional en los diarios está sujeta a limitaciones en muchos aspectos y no puede soslayar abiertamente un engranaje socioeconómico que dicta constantemente sus condiciones, pero ello no impide que preste atención y aporte su ayuda, su estímulo, a todas las tentativas que lo merezcan. Ciertamente, que una representación única –con la frecuente fatalidad de sus coincidencias de fechas, en locales punto menos que secretos la mayor parte de las veces– se vea reflejada en las páginas del diario con la extensión que bien puede darse el caso merezcan, resulta muy improbable. Pero el crítico encontrará la ocasión para hablar de ello con el detenimiento indispensable, si preciso fuera, desde las páginas del semanario o revista, que resultará vehículo más idóneo o cuando menos de más fácil utilización» (Farreras, 1967: 8).

És evident que aquest testimoni té un valor relatiu en tant que consideració general. Però potser matisat per l'espai que –anys després i en moments diferents– diaris com *Tele/eXprés*, *Avui* o *La Vanguardia* han destinat a les arts escèniques i a la crítica. Tan sols són tres dels exemples possibles.

D'entre tots els noms de crítics que he esmentat, segurament el més rellevant fou el malaguanyat Xavier Fàbregas, que col·laborà en moltes de les capçaleres esmentades i que sabé dignificar la crítica teatral, dotar-la de credibilitat –igual que en altres línies ho havien fet Gonzalo Pérez de Olaguer, Benach i alguns altres–, creà escola i es guanyà el respecte del món escènic. D'una banda, la vocació i passió pel teatre i la capacitat d'observació complementaren una formació autodidacta posada al dia constantment; de l'altra, els anys de col·laboració continuada en capçaleres com *Canigó* (1960-1972), *Serra d'Or* (1966-1985), o els diaris *El Correo Catalán* (1972-1974), *Diario de Barcelona* (1974-1976), *Avui* (1976-1978) o *La Vanguardia* (1982-1985), sense oblidar el seu pas per *Destino*, *El Noticiero Universal*, o les col·laboracions regulars a *Primer Acto*, *Pipirijaina* o *El Público*, entre moltes altres. Finalment, cal no deixar de banda la tasca paral·lela que exercia com a historiador del teatre (Badiou, 1988).

No hi ha cap dubte que Fàbregas esdevingué fins a 1985 –any de la seua mort– la pedra de toc de la crítica teatral catalana. La curiositat, el rigor i la voluntat didàctica cap als lectors o el gremi de l'escena –i la pròpia capacitat de treball, que el feia gairebé omnipresent– el van convertir en un model a seguir. Segons el seu testimoni, el seu ofici partia de

«juzgar cada montaje dentro del propósito formulado en sus mismas premisas: el teatro épico dentro [de] las coordenadas del teatro épico, la alta comedia dentro de las coordenadas de la alta comedia, etcétera, etcétera, después de situar cada corriente dramática en el contexto social e histórico en el que se produce. He optado pues, por un cierto eclecticismo: un eclecticismo activo, comprometido, hasta donde ello es posible» (Fàbregas, 1980: 3).

Alguns dels noms que he esmentat adés (Broch, Abellan, Melendres, Castells, Vilà, Graells o Coca) pràcticament s'incorporaren a la crítica professional o ocuparen determinats espais de crítica sota el seu mestratge o exemple. La seua desaparició tan sobtada afegeix dificultats a una recerca que es veurà privada del testimoni directe d'un dels protagonistes principals de la renovació de la crítica teatral.

Les diferents aportacions al volum número 30 d'*Estudis Escènics* coordinat per Benach (1988) –la de Badiou particular- ment– deixen ben clara l'estratègia de Fàbregas per renovar gran part dels responsables de la crítica teatral en les diverses capçale- res barcelonines o per introduir-hi crítics més joves, de tal mane- ra que bona part dels crítics dels anys vuitanta i dels noranta, d'alguna manera són els que col·laboraren amb Fàbregas en aque- lla renovació generacional i de concepció de la nova crítica.

No obstant això, al llarg dels anys vuitanta, a més dels «vells» (Pérez de Olaguer, Ragué-Arias, Sagarra, Benach, Vilà, Coca, Castells, Burguet...), altres noms s'incorporaran de manera deci- dida a l'ofici de la crítica, com Francesc Massip (*Canigó*), Patrícia Gabancho (*El Noticiero Universal*), Enric Gallén (*Diario de Barcelona*), Miquel M. Gibert, Marcos Ordóñez, Juan Carlos Olivares, etcètera que, com els anteriors, han desenvolupat el seu ofici en capçaleres diferents (*El Món*, *Avui*, *Abc*, *El País*, entre altres). De tots aquests, segurament el més singular és Ordóñez, el qual, amb una crítica que fa escasses concessions al lector/espec- tador, ha aconseguit de reunir una part del seu treball crític en dos volums (1996 i 2003).

Amb tots aquests, conviuen uns altres que, com alguns dels esmentats, desenvolupen el seu treball a cavall de la crítica i de la investigació més acadèmica: Joaquim Noguero, Núria Santama- ria, Antoni Nadal, Francesc Foguet, Ramon X. Roselló, etcètera. La història és parcialment coneguda (Batlle, 2000), i no hi insisti- ré. I de segur que encara oblide algun diari o revista i algun nom representatiu de la crítica d'aquests anys.

Balanç de 30 anys

Pot ser que, d'antuvi, pague la pena de fer una ullada superficial a l'evolució dels diferents mitjans de comunicació d'aquests darrers trenta anys. El primer que crida l'atenció és comprovar-hi com l'espai de la crítica teatral ha minvat. I s'hi ha reduït en dues direccions: d'una banda, del nombre divers de capçaleres que existien al llarg de les dècades dels seixanta i dels setanta, moltes han desaparegut al llarg dels vuitanta; de l'altra, en les publicacions que han continuat, l'espai físic de la crítica teatral s'ha reduït considerablement, comprimit per la informació d'altres formes d'oci, publicitat, o altra informació cultural. És a dir, menys diversitat pel que fa als llocs on publicar i menys extensió (menys línies o caràcters) per a fixar la valoració que mereix un espectacle. Un mateix espai, escàs, que han de compartir crítics diferents.

Paral·lelament, si l'espai de la crítica d'arts escèniques en la premsa en general ha estat escurçat, cal recordar que durant el mateix període acotat, s'han succeït i diversificat les publicacions tipus guies de l'oci o cartelleres de cinema (que inclouen teatre) o les publicacions específiques d'espectacles d'arts escèniques (algunes dels mateixos diaris), i la informació o crítica es remet a aquest suplements de cap de setmana. Espais com el «Quadern de teatre» de l'*Avui* són l'excepció, no la norma.

A aquestes guies setmanals de l'oci, cal sumar-hi les publicacions gremials tipus cartelleres (*Teatre BCN* o *La Cosa*, per exemple), que inclouen informació sobre el món de les arts escèniques, entrevistes amb actrius, directors, promocions d'espectacles, etcètera. Ara bé, gairebé totes aquestes publicacions opten per oferir informació o comentaris teatrals, i poques aposten per defensar espais de crítica teatral des d'una perspectiva analítica i valorativa.

Alhora, és cert, han fet la seua aparició i s'han consolidat altres revistes gremials com ara *Assaig de Teatre*, *Pausa* o *Entreacte*, entre altres, que aporten reflexions molt diverses, sense oblidar-hi entrevistes amb dramaturgs, directors, crítics, edició de textos, o dediquen números monogràfics a determinats temes (autors, estètiques, aniversaris), punts d'actualitat preferent a cada pas, que permeten dedicar espais generosos en la reflexió, la recerca, la crítica, etcètera. Ara, en contraposició a les altres publicacions, aquestes tenen un abast estrictament gremial (les primeres particularment acadèmiques, més dels gremi escènic la darrera), i tampoc no compten amb una difusió excessiva.

Reprenent el fil, i com ja he remarcat, la crítica teatral *actual*, si fa no fa, es va fer un espai o es va assentar al mateix temps que naixia i es desenvolupava el teatre independent, un teatre que reivindicava formes noves de producció i d'explotació teatrals, nous llenguatges escènics, noves investigacions escèniques, i tota la resta. Alhora, però, anava de bracet amb tot un seguit de reivindicacions culturals, lingüístiques, polítiques, de lluita contra la dictadura i de vindicacions de tota mena de greuges històrics, socials o gremials. La pràctica escènica, en bona mesura s'amerava d'aquesta dinàmica reivindicativa i la crítica teatral també.

Des del meu punt de vista, el teatre independent, amb l'ajuda dels crítics, cremà moltes etapes en pocs anys fins al punt d'alliberar-se de la tutela dels crítics i fer propostes molt innovadores i arriscades. Poc temps després del Grec 76 arribaria el que s'ha denominat l'etapa d'«institucionalització», que afectà una part significativa dels professionals de l'escena, però també una part dels qui exercien la crítica teatral –de vegades la institucionalitzacció és política, de vegades és acadèmica–. I amb la desaparició d'una autoritat crítica i militant com Fàbregas a mitjan dels vuitanta –per posar una data de referència– potser es fa més palès el desencaix entre el món de l'escena i el de la crítica teatral heretada de la dècada anterior. Joan Abellan ho ha assenyalat molt bé amb les paraules següents,

«En realidad, desde los últimos años de la dictadura, España y su teatro han cambiado bastante. Pero no está claro que lo haya hecho en la misma medida su actividad crítica y teórica. Me atrevo a decir [...] que en el campo teatral, la evolución de la producción crítica y teórica no ha estado en absoluto a la altura de su materia prima» (Abellan, 1995: 26).

És molt possible que a aquest decalatge haja contribuït una certa displicència o desinterés del món acadèmic, que a poc a poc ha desenvolupat diverses línies de treball sobre el teatre diacrònic, però que, davant del «divorci» continuat entre el text dramàtic i el text escènic, ha tingut moltes dificultats per a bastir línies d'estudis sincrònics o teòrics sobre l'activitat escènica immediata, dels darrers deu, quinze o vint anys, per posar un lapse de temps. Hi ha excepcions honorables, és clar.

Però una cosa és el treball que es pot desenvolupar des de centres com l'Institut del Teatre, escoles de teatre i dansa o càtedres d'història de les arts escèniques com la de Ricard Salvat, i una altra els departaments universitaris, en general d'història de l'art (la minoria) o de tradició filològica (la majoria), en els quals predominen els estudis sobre la literatura dramàtica i la seua història. El fet cert, però, és que són comptades les línies de treball sobre nous llenguatges teatrals (Mercè Saumell, Institut del Teatre), teòrics o d'anàlisi (Patrícia Trapero, Universitat de les Illes Balears; Rosselló, Sirera, Universitat de València), per donar tan sols uns noms de referència. Segurament les línies de recerca són més diverses i tendesc a simplificar-les en excés.

Si reprenem el discurs anterior, cal dir que a partir del canvi de tendència en el teatre català al final de la dècada dels vuitanta, uns i altres –professionals de l'escena i crítics– s'hi han anat reconeixent i ignorant en funció de paràmetres molt diversos. D'una banda, la crítica ha intentat fer els deures i posar-se al dia; de l'altra, ha trobat la sintonia amb els nous dramaturgs, malgrat que les topades amb els directors hagen continuat produint-se de manera més intermitent.

Un altre tema pendent és el de la crítica de llibres de teatre o sobre arts escèniques, que continua sense disposar d'un espai mínim habitual en els suplements literaris dels mitjans de comunicació impresos. Em fa l'efecte que si la crítica de la literatura i de la recerca dramàtiques fóra més regular, «normal», com ho són la de les novel·les o l'assaig, les arts escèniques potser tindrien una millor consideració i uns espais més generosos i regulars. Estic convençut que n'augmentaria el prestigi i l'interés dels lectors. És una impressió o un desig, no ho sé.

A tall de cloenda

Cal dir que fóra bo que la crítica, tal com apunta Octavi Aguilera (1993), assolira una funció de «control de qualitat», una mena de sedàs, de la creativitat, sobretot en uns temps en els quals no sempre és fàcil discernir entre les aportacions i refregits enmig de l'allau de productes culturals o pseudoculturals que els mitjans de comunicació i la publicitat de tota mena ens ofereixen cada dia. Fóra bo, és cert, però abans de res potser cal que coneguem i reflexionem sobre quina ha estat la crítica teatral fins ara, els seus fonaments, la seua evolució, etcètera. Després, tal vegada, podrem reflexionar sobre quines poden ser les seues funcions en aquests temps.

Pel que fa a l'enunciat d'aquest paper, sense estudis previs, sense una anàlisi global dels textos dels crítics, és arriscat arribar a conclusions que no siguen fruit de la intuïció o merament provisionals. Si de cas, confie que aquestes breus notes puguen servir d'esperó per a una reflexió i un treball més amplis i aprofundits que ens permeten de fixar períodes, descriure una taxonomia de línies crítiques, els seus fonaments; posar noms i acotar dates en l'exercici individual de la crítica.

Tot això hauria de fer possible explicar el treball d'uns crítics, les connivències entre ells i l'evolució del seu discurs al llarg de tots aquests anys. Al capdavall, explicar el camí que va de Gonzalo Pérez de Olaguer, Joan-Anton Benach o Xavier Fàbregas a Francesc Massip, Marcos Ordóñez o Joaquim Noguero, per posar uns noms.

Finalment, tant de bo que, a més, poguérem entreveure els punts de contacte, de connivència i de divergència entre els crítics i els protagonistes de l'escena, entre la crítica teatral i el teatre català de l'últim terç del segle xx i els primers anys del xxi. Potser, aleshores, podríem disposar d'uns canals de diàleg més fluids entre una banda i l'altra de l'escena.

Nota bibliogràfica

ABELLAN, Joan (1986). *Eclipsi.* Barcelona: Edicions del Mall. Sèrie oberta.

ABELLAN, Joan (1995). «Sujeto y objeto de la crítica teatral». *ADE*, núm. 43-44 (abril), pàg. 26-27.

AGUILERA, Octavi (1993). «La crítica, "control de qualitat" dels productes culturals». *Periodística*, núm. 6, pàg. 101-109.

BADIOU, Marise (1988). «Xavier Fàbregas, crític teatral o l'estratègia del jugador d'escacs». *Estudis Escènics*, 30 (desembre), pàg. 103-120.

BATLLE, Carles (2000). «La crítica teatral a Catalunya a les envistes del 2000». *Serra d'Or*, núm. 481 (gener), pàg. 51-56.

BENACH, Joan-Anton (1988) (coord.). *Estudis Escènics*, 30 (desembre). Número monogràfic dedicat a la memòria i l'obra de X. Fàbregas.

CASAS, Joan (1998). «Sobre l'ofici de crític teatral». *Faig Arts*, núm. 38 (novembre), pàg. 58-60.

FÀBREGAS, Xavier (1973). *Introducció al llenguatge teatral. De la tragèdia al happening.* Barcelona: Edicions 62. Llibres a l'Abast, 107.

FÀBREGAS, Xavier (1976). *El teatre o la vida.* Barcelona: Galba. Punts de Referència, 2.

FÀBREGAS, Xavier (1980). «Tribulaciones de un crítico ante la crítica». *Pipirijaina*, núm. 14 (maig-juny), pàg. 2-4.

HAMM, Peter (1971) (ed.). *Crítica de la crítica. Crítica/de quién/para quién/cómo.* Barcelona: Barral.

HERAS, Guillermo (1994). «Reflexiones dispersas sobre una polémica abierta». Dins: *Escritos dispersos.* Centro Nacional de Nuevas Tendencias Escénicas 1984-1994. Madrid: Centro Nacional de Nuevas Tendencias. Teoría Escénica, 4. Pàg. 307-311.

MARÍAS, Javier (2000). «La muy crítica crítica». Dins: *Literatura y fantasma.* Madrid: Alfaguara. Textos de Escritor. Pàg. 223-229.

MARTÍ FARRERAS, Celestí (1967). «La crítica profesional ante el teatro independiente». *Yorick*, núm. 25, pàg. 8.

NOGUERO, Joaquim (2004a). «La crítica de danza, la danza de la crítica». Dins: *Actas de las III Jornadas de Danza e Investigación. Barcelona, 8, 9 y 10 de noviembre de 2002*. Barcelona: Los Libros de Danza. Pàg. 52-61.

NOGUERO, Joaquim (2004b). «Malditos críticos». *Diálogos de Danza*, núm. 1 (abril), pàg. 76-79.

ORDÓÑEZ, Marcos (1996). «Varietats sobre la crítica». Dins: *Molta comèdia. Cròniques de teatre 1987-1995*. Barcelona: La Campana. La Campana, 115. Pàg. 37-41 i 72-76.

ORDÓÑEZ, Marcos (2003). «Variedades sobre la crítica», «Formas de la crónica» i «Deadline». Dins: *A pie de obra. Escritos sobre teatro*. Barcelona: Alba. Pàg. 119-124, 124-125 i 146-148.

RÓDENAS, Domingo (2003) (ed.). *La crítica literaria en la prensa*. Madrid: Marenostrum.

RODRÍGUEZ MÉNDEZ, José María (1972). «Comentar y criticar». Dins: *Comentarios impertinentes sobre el teatro español*. Barcelona: Península. Ediciones de Bolsillo, 199. Pàg. 213-216.

RODRÍGUEZ MÉNDEZ, José María (1974). «La crítica» i «La respuesta del crítico». Dins: *La incultura teatral en España*. Barcelona: Laia. Ediciones de Bolsillo. Literatura. Pàg. 107-116 i 143-149.

ROMERA CASTILLO, José (2004) (ed.). *Teatro, prensa y nuevas tecnologías (1990-2003)*. Madrid: Visor Libros / Selitent. Biblioteca Filológica Hispana, 76.

VELLÓN, Xavier (2000). «La crítica teatral periodística: entre l'espectacle i la cultura». Dins: MESEGUER, Lluís (coord.). «Criticar no és ofendre». *Anuari de l'Agrupació Borrianenca de Cultura*, vol. XIII, pàg. 43-61.

Diàleg.
Canviar de model,
teixir relacions*

Amb Hermann Bonnín, Joan Cavallé, Jordi Coca
i Gerard Vàzquez**

ARGUMENTA: *La primera pregunta que volíem posar sobre la taula és de caire general: si haguéssiu de fer una mirada enrere, sense ira, però també sense nostàlgia, quins considereu que han estat els guanys i les pèrdues de l'evolució de les arts escèniques als Països Catalans del 1975 fins ara?*

---

* Aquest text és la transcripció parcial de la taula rodona, que duia el títol «30 anys de transició? Balanç de les arts escèniques de 1975 a 2005», organitzada per l'equip d'Argumenta i l'editorial El Cep i la Nansa amb la col·laboració de L'Obrador de la Sala Beckett, el 9 de març de 2006, a l'espai d'assaig d'aquest centre d'estudi, investigació i experimentació teatrals. Agraïm a la Sala Beckett la seva bona predisposició i regraciem especialment l'assistència i les intervencions –que per raons d'espai no hem pogut transcriure– dels alumnes del professor Lluís Hansen: Albert Arribas, Carmen del Conte, Joan Duran i Ferrer, Pau Miquel Ferrer, Oriol Osan, Ricard Soler i Mariona Surribas.

HERMANN BONNÍN: Això de no mirar amb nostàlgia és un exercici de voluntat al qual ens hem de sotmetre, sobretot els d'una generació que hem viscut etapes diferents i excitants. Etapes apassionades en les quals la militància, en el sentit més ampli, era un valor. En un intent d'objectivitzar –en Jordi suposo que també hi estarà d'acord–, naturalment que hi hem guanyat. Les circumstàncies socials, polítiques, etcètera, i l'evolució a la qual està sotmès el nostre país ens han dut a un estatus de normalitat, amb tot el que això pressuposa: d'aiguamolls de benestar, però que de vegades poden tenir flaires de pudor.

Aquesta normalitat que, d'alguna manera, ens pot homologar a l'Europa que ens és pròxima té uns aspectes indubtablement

---

** Hermann Bonnín (Barcelona, 1935), actor i director de teatre i cinema, ha dirigit la RESAD (1968-1971), l'Institut del Teatre (1971-1980) i el Centre Dramàtic de la Generalitat de Catalunya (1982-1988). És cofundador i director artístic de l'Espai Brossa.

Joan Cavallé (Alcover, 1958), narrador i dramaturg, actualment és el cap de Cultura de l'Ajuntament de Tarragona. És autor de *L'espiral* (1989), *Senyores i senyors...* (1990), *El telèfon* (1990), *El concurs* (1996), *Estranyament estrany* (1997) i *Dinastia Ming* (1998).

Jordi Coca (Barcelona, 1947), narrador, poeta, dramaturg i director d'escena, va dirigir l'Institut del Teatre (1988-1992) i ha dut a terme una intensa activitat com a assagista teatral a les pàgines de l'*Avui* i *Serra d'Or*. És autor, a més, de versions lliures de Maragall i Ibsen, de *Platja negra* (1999), *Antígona* (2002), *Tempesta a les mans* (2004) i *Interior anglès* (2005).

Gerard Vàzquez (Barcelona, 1959), dramaturg, és autor de diverses peces teatrals: *Cansalada cancel·lada* (1995), *Magma* (1997), *El somriure del guanyador* (2001), *El retratista* (2003), *Quid pro Quo* (2004) i *Uhhh!* (2005). També ha traduït obres de Nabokov, Dario Fo, Federico Fellini i Ever Blanchet.

positius. L'estatus professional en aquests darrers trenta anys ha millorat moltíssim. Recordem com els actors i directors, amb la seva energia personal i mitjans migradíssims, i inversions petitíssimes i, pràcticament, sense suport de les institucions, tiraven endavant projectes. Ara, tanmateix, l'estatus laboral i professional està en un nivell de dignitat. Encara insuficient, si mirem les reivindicacions dels sindicats francesos; encara en un grau d'inferioritat no gaire gran, però notable. En tot cas, la millora, des de la perspectiva d'un mínim de reconeixement laboral, de consciència social de l'actor, del director, del dramaturg, i des del punt de vista de la millora d'oferta pública, és evident. Si mirem les cartelleres, observem que són bastant dignes.

S'han perdut, així i tot, coses essencials. Oportunitats històriques impagables i imperdonablement eludides. La recuperació d'una Generalitat com la nostra, per tant una aposta, des d'una administració nostra, pel món de la cultura ha estat absolutament insuficient, carregada d'embolics, incapaç d'aprofitar tota aquella mobilització que hi havia, tot aquell entusiasme, tota aquella capacitat i aquella vocació que aquesta generació tenia. Els poders polítics han anat absorbint el lideratge de la política cultural i se n'han aprofitat, i això sí que és un dels greus errors. Que després de trenta anys encara hi hagi llacunes importantíssimes en el reconeixement del nostre patrimoni –parlo de generacions de poetes, dramaturgs oblidats–... En fi, crec que s'han perdut grans oportunitats, s'han deixat a la cuneta coses importants, tot i que, certament, hem entrat en aquest estatus d'estat de benestar.

JORDI COCA: Són trenta anys. Trenta anys costen molt de resumir en una estona curta, per tant, encara que m'allargués molt, no podria resumir la situació de complexitat que s'ha donat en aquests trenta anys. Jo estic bàsicament d'acord amb en Hermann, però, per resumir-ho, podríem dir que s'ha produït una evolució cap a l'aburgesament de tot el sistema. Per dir-ho com en una novel·la de Sinclair Lewis, *Babitt*, puc comentar que «la cultura ha arribat a ser avui en dia un afegitó i un anunci tan necessari per a una ciutat com la pavimentació dels carrers o els balanços bancaris». Aquesta és la sensació que tinc.

El teatre s'ha convertit en una cosa aparentment necessària, però que, en el fons, no respon a cap necessitat. Per tant, vol dir que és una cosa que jo la veig –insisteixo que s'hi haurien d'introduir nivells de matisos– vulgar i especulativa, que és la mentalitat burgesa. La burgesia té una intel·ligència vulgar i especulativa. I jo, la situació general, la veig així, amb aquestes mancances, amb aquests forats negres, que després sortiran, i que tots sumats acaben sent un. Que és tan gros que s'haurà d'assumir com una responsabilitat de la gestió que està fent una generació determinada en l'actualitat i, per tant, un dia o altre se li'n passarà factura, d'aquest forat enorme que ha deixat, i que està aquí, i que jo vull contribuir a denunciar amb el perill de fer-me pesat. Però jo ho continuaré dient perquè estic convençut que la situació hi és i que aquest perill hi és i que això s'ha de plantejar.

Una de les coses que passa i que s'ha perdut és que el contrast no s'accepta, la divergència d'opinions no forma part del sistema. Si el sistema s'ha convertit en això que jo deia, és justament perquè exclou la diversitat dintre del propi sistema. Aparentment hi és, però quan discrepes seriosament d'una cosa, aleshores quedes absolutament apartat. Això no respon a cap mala intenció de ningú, sinó que les pròpies òrbites de la situació en què ens trobem ens han portat fins aquí. I això dibuixa una situació amb moltes coses positives. Mai el teatre català, en tota la seva història, havia estat com està ara. Però, en canvi, amb molts problemes que, per a mi, tots queden subsumits en aquesta visió general que, insisteixo, s'hauria de ventilar molt.

GERARD VÀZQUEZ: Des de la meva perspectiva d'autor, hem guanyat en possibilitats. Quan em vaig plantejar d'escriure teatre, resultava que no hi havia llocs on anar, on aprendre, on portar els teus textos... Evidentment, ara hi ha més possibilitats. Hi ha més gent que s'hi dedica, i això dificulta les coses, però és com ha de ser. Per tant, jo crec que el que hem guanyat és en possibilitats, per una banda, camins, maneres, llocs on fer les coses, matisant que no és que funcionin al cent per cent i a la perfecció. Hi ha molta gent com jo que va decidir escriure teatre. Jo venia d'escriure a la ràdio, tenia una activitat, però com que havia fet teatre abans, com a *amateur*, tenia el cuc del teatre, em vaig decidir a fer-ho i em vaig trobar que llavors la figura de l'autor comença a remuntar una mica, però que havia estat molts anys desapareguda. Havia estat l'època de les companyies, de la creació col·lectiva... I s'havien oblidat generacions anteriors.

Respecte a l'autoria, el que s'ha perdut és tenir presents unes certes referències, igual com a tot arreu tenen respecte per les seves generacions anteriors, per emmirallar-s'hi o per anar-hi en contra. Però les tenen presents, i no tan sols les clàssiques, sinó les immediates. I aquí sembla que no. No solament en l'àmbit de l'autor, sinó de directors, actors fins i tot, hi ha una tendència que quan passes d'una certa edat ja no existeixes. Cada generació és com començar de zero, no hi ha res, tret de dos o tres noms.

També s'ha perdut una mena d'audàcia, de gosadia de fer coses. Quan jo era aficionat al teatre, em semblava que hi havia un ambient més agosarat, a part de les condicions polítiques, artísticament veia que hi havia una manera de fer molt més audaç. I crec que últimament això tendeix a tenir una certa inèrcia més industrial: fer-ne una, i després una altra, i una altra... Simplement el fet de produir, una producció, però no es planteja per què, ni per dir què, per provocar què, per indagar què, amb una línia...; això s'està perdent.

Per acabar, volia parlar d'una cosa que, no és que s'hagi perdut, sinó que no s'ha tingut mai, i és la difusió de les nostres arts escèniques a l'exterior. No tant a la resta d'Espanya, que també, sinó a l'estranger. És un absolut desert. Això, no ho hem tingut mai.

JOAN CAVALLÉ: Començaré fent una referència a la proposta que em van fer, el Francesc i el Pep, de venir aquí. El primer que vaig pensar i expressar és que tot això em quedava lluny pel fet que la meva relació amb l'activitat teatral d'aquesta època ha estat, des del meu punt de vista, perifèrica. Vaig pensar que potser no era la persona més adequada. I em van dir, precisament per això, hi has de ser. I vaig veure que m'havien enganxat amb aquesta frase.

Quan aquesta història que ara intentem recordar va començar, als anys setanta, jo era un xiquet de tretze o catorze anys que el que feia era llegir tot el teatre que m'arribava: Manuel de Pedrolo, Josep M. Benet i Jornet, Alexandre Ballester... Tot el que m'arribava, que era bastant. I quan podia m'escapava a la població més pròxima, Valls, on, de tant en tant, es feia alguna cosa important al Teatre Principal; o, quan podia, a Barcelona a veure *El retaule del flautista* o alguna coseta interessant. Després, em vaig anar dedicant al teatre. Vaig estudiar teatre i vaig començar a escriure'n. Tot això ho dic perquè té a veure amb el que he dit anteriorment. Perquè mai no vaig fer aquell pas d'entrar-hi a dins, a la centralitat del món teatral. En aquest sentit, el meu punt de vista sempre serà al marge, però que va observant i que en va coneixent coses que poden coincidir amb bona part del que s'ha dit i també hi podria mostrar alguna divergència.

A l'hora de fer una anàlisi de com estem avui i resumir com veig jo l'evolució d'aquests anys, la primera cosa que diria és que jo solc ser bastant positiu i començo dient que veig el teatre amb optimisme. Per què el veig amb optimisme? Perquè encara existeix. Ja sé que això és molt difícil d'assimilar, però crec que han passat al món, a l'última part del segle XX, coses prou grosses perquè en algun moment ens haguéssim plantejat que el teatre podia desaparèixer. Com a mínim, com a mitjà d'expressió d'ampli abast. Que altres coses que anaven apareixent, el cinema, la televisió, etcètera, l'haguessin anat arraconant. I això obligava que el teatre es repensés, que el teatre fes uns exercicis de reflexió i intentés superar aquells obstacles o aquelles novetats que s'havien imposat, o que li venien.

Si ens centrem en el país, forçosament aquests vint-i-cinc anys han estat –i dic forçosament perquè ha de ser així– una etapa de construcció. És a dir, partíem d'un moment en què volíem superar la dictadura, en què hi havia una cosa que no ens agradava, en què hi havia moltes idees, moltes il·lusions, moltes esperances –s'hi ha fet referència–, i projectes de com havia de ser la cosa. I s'ha construït una realitat que, a mesura que ha anat evolucionant, hem pogut anar comprovant els uns i els altres potser d'una altra manera que no s'adequava tant, que no era allò que exactament havíem pensat, que s'ha desviat d'allò que pensàvem, etcètera. Els vint-i-cinc anys jo crec que han estat marcats per la construcció d'aquesta realitat. Una construcció que primer va estar en fase embrionària, en projecte, i que després es va concretar fins i tot en ciment, en edificis; en el Teatre Nacional, que va ser un determinat model de teatre nacional. I crec que aquest fet, que és un fet més de l'evolució del teatre en aquest país durant aquests darrers anys, ha esdevingut un element central perquè ha condicionat els altres fets. És a dir, ha creat, des del meu punt de vista, un monstre tan gran que ha fet que els altres haguessin de girar al voltant d'aquest monstre, que la resta de les coses s'hi han hagut de redimensionar.

A més a més, s'hi ha introduït una competència de partits que ha fet que s'instal·lés, en aquest punt, una rivalitat de «a veure qui la feia més grossa». I així que el monstre no ha estat un monstre, sinó que ha estat més d'un monstre. I que el teatre nacional català va girant al voltant d'això. Aleshores, hem construït una realitat nova, una realitat en què hi ha hagut molts elements positius, no solament que existeixi un Teatre Nacional, que en principi considero un element positiu, sinó que al voltant d'això han sortit molts altres teatres, hi ha una gran proliferació d'espais, entre els quals els espais alternatius –la Sala Beckett n'és un dels més significatius–, però, a la vegada, ha provocat una bipolarització molt gran en el teatre. És a dir, és un teatre d'extrems. Un teatre on hi ha allò gros i allò petit, en els pressupostos, en les consideracions socials i en les consideracions mediàtiques.

En tot aquest viatge, hem aconseguit moltes coses –i s'hi ha fet referència abans– i hem anat guanyant elements, noves coses que han aparegut, noves formes de fer teatre, nous directors, noves estètiques... Però hi ha una cosa que a mi em sap molt de greu –a què també s'ha fet referència, però com que ha estat molt tangencial, m'agradaria insistir-hi una mica–, i és que en aquest viatge de construcció del teatre que tenim avui s'han deixat molts cadàvers; molts cadàvers, moltes persones, molts noms, moltes iniciatives que han estat sacrificades per aquesta cosa que s'estava construint: autors i directors sobretot. Aquesta temporada està en vigència un cicle dedicat a la generació dels setanta, a les sales alternatives, però el fet que hi hagi aquest cicle evidencia el que va passar i diu quina és la situació real de tots aquests autors. Però, de la mateixa manera que parlem d'uns autors, com és el cas, a mi em fa molta ràbia com a autor –em feia molta ràbia com a autor– que pogués publicar teatre amb facilitat –jo vaig començar a publicar teatre a final dels vuitanta, i en aquell moment l'Institut del Teatre o Edicions 62 et publicaven amb una certa facilitat– i em feia molta ràbia que autors vint anys més grans que jo no poguessin estrenar. Autors als quals jo respectava molt i gairebé reverenciava; en molts casos que m'havien ensenyat moltes coses a mi quan els havia vist representats o quan jo els he llegit. Resumint, hi ha un viatge en què hem guanyat moltes coses, però sap greu que n'hàgim perdut d'altres. Això ho podríem exemplificar perfectament amb noms concrets d'autors i directors, que al cap i a la fi vol dir poètiques i maneres diferents de fer teatre: avui hi ha noms nous, bons, reconeguts, fins i tot amb àmplia projecció internacional (i això és enormement positiu per al nostre teatre), però costa encara posar en el lloc que els correspondria alguns dels noms que, durant aquest procés, han estat deixats de banda: Espriu, Brossa, Pedrolo, Palau i Fabre, etcètera, entre els autors; Ricard Salvat, Esteve Polls, Pere Planella, Jordi Mesalles, etcètera, entre els directors.

ARGUMENTA: *Un cop feta aquesta mirada cap enrere, ara ens agradaria que centréssiu la mirada en el present i, sobretot, penséssiu en la incidència que tenen les arts escèniques en la cultura i en el cos social, perquè ens fa l'efecte que, cada vegada més, les arts escèniques han perdut aquest espai social de què gaudien abans.*

GERARD VÀZQUEZ: La qüestió és molt complexa. Jo crec que el paper de les arts escèniques avui dia està relegat, més o menys, a l'entreteniment: una activitat lúdica, cultural; però una més. És evident que al teatre li costa lluitar, competir, amb la televisió, el cinema... És evident que el teatre no té la força ni el paper que tenia fa cinquanta, cent anys, quan a Berlín, per exemple, hi havia teatres que tenien cent mil socis. El paper, doncs, és simplement d'entreteniment. Tampoc no fem gaire nosaltres perquè el teatre sigui una eina d'idees, de polèmica o de qüestionar coses. Es fa una mica, però tampoc no té gaire ressò i el públic tampoc no està per aquestes qüestions –en general–. Està més per divertir-se, i això d'anar a pensar... Jo sóc bastant pessimista sobre el fet social. Opino que l'ha de tenir, però tampoc no defenso tant que sigui necessari. Ara mateix, no.

JORDI COCA: Un tema certament complicat, i no sé si es pot desvincular tant del que dèiem abans. S'ha construït, s'ha fet molt de ciment, no solament en el camp del teatre, també, per exemple, en el dels museus o en les arts plàstiques. El país s'ha volgut reconstruir. Jo diria que aquí hi ha la qüestió clau. La pregunta clau seria aquesta. Si exactament aquest país, a partir del moment en què recuperem d'una forma democràtica la convivència, inicia també un procés de recuperació nacional –des de la ideologia que sigui, però s'inicia– contra un intent d'assimilació sempre bel·ligerant per part de l'estat espanyol, i no solament des del punt de vista dels partits franquistes, sinó també des dels partits d'esquerra com el PSOE, és evident que la construcció d'infraestructures forma part d'aquest desig de construcció nacional. Però jo, que he tingut algunes petites responsabilitats de gestió, en àrees com l'Ajuntament de Barcelona per qüestions de cultura i tal, en unes reunions patètiques en les quals es discutien els pressupostos dels equipaments, quan es preguntava, «bé i això com funcionarà?», se'ns deia, «bé, d'això ja se'n parlarà». La voluntat de construir pedra sí, però la voluntat que les institucions funcionin en una línia determinada i a partir d'un model determinat, això, realment, no ha funcionat.

En el cas concret del teatre, aquesta importància del model és claríssima, perquè CIU –penso que això és una cosa que no s'ha d'oblidar: el model de teatre nacional que tenim a Catalunya és un model de dretes, no és un model que pensi en el territori ni en res que s'hi assembli; i no perquè no haguessin existit projectes anteriors, que n'hi havia– l'ha gestionat des d'aquesta operativitat. I, evidentment, des de la franja de l'esbarjo. Per tant, si el model és un model que només reconstrueix les pedres, però no es pregunta què s'ha de fer i quin és el funcionament, i després, quan es gestiona, es gestiona des d'aquesta voluntat de fer una cultura de l'esbarjo i de l'entreteniment més que no pas anar a remarcar i recuperar quines són les línies fortes de la nostra identitat, del que som, aleshores, lògicament, ens trobem en una situació on la incidència és poca, per no dir nul·la, i jo gairebé diria que és nociva. Des d'aquest punt de vista, és destructiva perquè està deixant terra cremada, com si això fos una revetlla que acaba de començar, que uns quants ballen i els altres miren, i *no passa res.*

Però tot això també són cicles. No podem oblidar, però, que el teatre, des del punt de vista numèric, té poca clientela. Ens movem en un territori en què l'activitat és minoritària, però no ho és tant polint-se els pressupostos. Mai no s'havien bellugat tants diners com ara, mai. Aquest bellugar molts diners per fer una cosa que no sabem on va, que no té un objectiu, que només vol alimentar una màquina que només nodreix les persones que estan dins d'aquesta màquina..., tot això és una cosa tan summament perillosa que, com a model, m'esgarrifa. Jo sempre dic que, quan sóc crític amb una situació, sóc crític amb un model, però no amb un model, com de vegades s'ha dit, de gestionar o de programar un escenari o dos escenaris, no. Amb un model de funcionament general de tota una activitat teatral, i això és una cosa que ens implica a tots –evidentment a uns més que a d'altres–, a l'hora de passar comptes. El tema és greu, realment greu.

No és veritat que siguem comparables amb els altres països del nostre entorn. Els països del nostre entorn no tenen res a veure amb nosaltres. En això discrepo del Hermann, quan diu que hem assolit una certa normalitat; jo crec que no, que estem lluny de la normalitat. El TNC, si no m'equivoco, ha fet un únic text basat, en principi, en un autor grec i l'ha traduït del francès: això no passa enlloc. Això és impossible. Per tant, el model és erroni i nociu.

HERMANN BONNÍN: Comparteixo aquest corrent que conflueix en aquesta mena de situació de bassa d'oli en la qual ens movem. Jo crec que sí, que l'oferta és una oferta prou generosa, per tant, la incidència social des del punt de vista de l'oferta, no hi ha dubte: sí. Però tens raó que no ens podem homologar amb determinades reflexions que puguem fer de l'oferta teatral, sobretot des de l'oferta pública, de països que ens són pròxims. Però sí que és veritat que, si llegeixes la cartellera, t'adones que és homologable al que es pot veure a Roma, per exemple; en aquest sentit sí que estem homologats, des de la perspectiva de l'oferta. Segurament, no dels continguts i del que pressuposa la reflexió dels continguts.

El que sí que hem d'estar segurs és que no genera corrents d'opinió. El món de les arts teatrals ni genera opinió ni reflexió. Segurament, en genera més el cinema que no pas el món del teatre. Potser perquè hi ha tot un món mediàtic, un món de publicacions que fa que a l'entorn d'uns determinats corrents cinematogràfics es vagin generant opinions. Això en el món de les arts escèniques no passa. Amb tota la bona voluntat del món, però els nostres diaris reflecteixen la notícia d'una estrena i una crítica, i si poden retallar-la i col·locar-la en els raconets i eliminar-la, millor. Per tant, el món de les revistes teatrals, de les publicacions, de les edicions és molt petit i reduït, i pràcticament nul en l'àmbit públic i institucional. La Beckett, per exemple, en l'àmbit privat, és un fet estrictament testimonial. Tot això no representa cap mena d'incidència dins de la societat. I, en aquest sentit, segur que el món del cinema, sí.

Joan Cavallé: Estic d'acord amb això que acaba de dir el Hermann, sobre el fet que el cinema produeix debat social i, en canvi, difícilment trobes que una obra generi que la gent en parli. La societat ha canviat i, com que ha canviat, és lògic que el teatre també canviï en relació amb la societat. El teatre té forçosament un paper molt diferent. En un passat no molt llunyà, el teatre era l'activitat recreativa més important que teníem, la qual cosa feia que, malgrat que existissin shakespeares i txèkhovs, els teatres estaven plens d'entremesos, estaven plens de comèdies que no han subsistit, i estaven plens de moltíssimes coses que agradaven a la gent, a tota la gent, i que feien que la professió teatral tingués una determinada consideració –no superior a l'actual, per cert.

En l'actualitat, el teatre té dificultats per ser un esdeveniment tan massiu com ho són el cinema o, evidentment, la televisió. Però aquí hi ha un petit engany, jo crec. I és que se'ns vol convèncer que la finalitat de l'art és aquesta; i no és aquesta. És a dir, quan Miquel Àngel pintava la Capella Sixtina, per exemple, qui li va encarregar no pensava que hi passarien milers de persones cada dia; pensava que allò ho veurien els del col·legi cardenalici i quatre il·luminats més. I, quan el rei Carles IV encarregava el retrat de la seva família a Goya, pensava que allò ho veurien els nobles i unes quantes persones; i que allò sigui avui en un museu, no ho podien pensar en aquell moment. Per tant, una cosa és la creació artística i una altra cosa és el públic. Sempre hi ha d'haver públic. Sense públic, no hi ha teatre. Però estem parlant de públic massiu. El que passa és que la cosa es contamina quan passa el que deies tu, Jordi, quan el creador, per a crear, diu que necessita cent milions. És clar, qui li dóna aquests cent milions vol recuperar alguna cosa (diners, prestigi, èxit...). I aquí es crea aquest cercle. Això lliga amb el que abans deia el Gerard, respecte de la imaginació. Jo recordo, els anys vuitanta, a Tarragona, que fèiem teatre del no-res. A Tarragona no hi havia un teatre, però fèiem teatre. On el fèiem? A les voltes del circ romà, a l'estudi d'un pintor, a qualsevol lloc... Avui, no hi ha cap companyia a Tarragona que vulgui fer teatre fora del Metropol, que és el teatre municipal. Fins i tot, moltes companyies *amateurs* s'han com aburgesat. I això genera tota una sèrie de pèrdues d'espontaneïtat, de creativitat, que són bastant preocupants.

Precisament, parlar d'aquesta realitat em permet afirmar que existeix una realitat social del teatre. A Tarragona, per exemple, i perdoneu que em centri en allò que per a mi és més clar, som una ciutat de cent vint mil habitants. Hi ha, comptant tots els grups *amateurs*, uns quaranta grups, amb una mitjana de deu persones per grup –que és una mitjana baixa–; això vol dir que hi ha unes quatre-centes persones que es dediquen a muntar alguna cosa de teatre cada any: són molta gent. Probablement, no trobaríem a Tarragona quatre-cents artistes plàstics, i menys quatre-cents escriptors... Estem parlant d'una realitat social important. Una altra cosa és com es vehicula, com es tradueix en relació amb el públic que dèiem. Crec que hi ha un miratge, que és intentar comparar-nos amb altres arts. Hi va haver un conseller de Cultura de la Generalitat que va posar el parany dient que al teatre hi havia poc *glamour* i pensava que s'havia d'assemblar al cine. I crec que el paper del teatre ha de buscar altres fins, altres coses que siguin diferents d'aquestes, perquè els mitjans amb què treballa –mitjans expressius– són diferents.

El cine sí que es pot permetre jugar amb la massificació, per dir-ho d'una manera; el teatre no s'ho hauria de plantejar com a premissa. I per no plantejar-s'ho com a premissa cal un exercici com d'humilitat o de senzillesa creativa en el sentit de pensar que, per fer un muntatge, no calen cent milions. Es poden fer coses molt ben fetes, molt dignes, amb uns pressupostos reduïts, sostenibles; la qual cosa no priva que existeixi una paradoxa: malgrat tot això que estem dient, el teatre que funciona més, que té més èxit i que s'aguanta dos o tres anys a la cartellera sol ser un teatre que s'assembla molt al cine, la gran comèdia d'embolics o coses d'aquestes, que simplement té com a atractiu que l'actor surt al cinema o a la televisió, i això funciona com a espectacle massiu. Crec que és una paradoxa, perquè podríem pensar que ja hi ha el cine per fer això i, en canvi, la gent continua anant al teatre a veure aquestes coses.

ARGUMENTA: *Ara tenim ja el marc general, aquesta mirada enrere, aquesta mirada al present, i ara ens agradaria anar tocant aspectes que més o menys heu insinuat, però en què voldríem que aprofundíssiu una mica més. Un dels fenòmens que probablement han caracteritzat millor les arts escèniques és la institucionalització, que s'ha produït en intensitats i repercussions diferents en els territoris, però que l'efecte que ha tingut és desmembrar, desintegrar el teixit de relacions entre els agents de la professió i les companyies, per exemple. Aquesta institucionalització ha permès crear un mercat, tan limitat com vulgueu, generador de productes efímers que es consumeixen –tal com comentava el Gerard abans– d'una manera ràpida. També ha contribuït a centralitzar molt la producció a Barcelona i a evitar allò que s'estava somiant als anys setanta, que era fer un teatre xarxa, fer descentralització del teatre. Què en penseu, de tot això?*

JORDI COCA: La institucionalització era imprescindible. Jo em considero una persona d'esquerres –que ja no sé a qui votar, però...– i sempre havia tingut una actitud absolutament utòpica, i sense cap ni peus, que era que el teatre hauria de ser tot teatre públic. Això és una *boutade*; ho retiro, i ja està. Però la institucionalització era absolutament imprescindible. El problema neix quan la institucionalització es basa en un model que ja s'ha descrit i s'organitza a partir dels paràmetres que també ja s'han descrit. I hi faltaria encara afegir-hi la complicitat de l'empresa privada

–d'una de concreta, amb noms i cognoms, Focus, que és la que controla d'una manera abusiva una part de la realitat del país amb unes complicitats amb el poder polític local i amb l'entrellat d'institucionalització teatral que el dia que surti a la llum molta gent haurà de baixar les escales amb les mans enlaire: és una cosa gravíssima, i no se'n parla–. Però la institucionalització era imprescindible i no vol dir que portés la destrucció d'aquestes coses; al contrari. L'existència d'un teatre públic ben travat en el territori com a projecte cultural, i al servei de la recuperació de la nostra identitat, d'aquest procés de recuperació de la identitat nacional, havia d'haver reforçat totes aquestes coses. I, al contrari, ens deixarà una herència de cendres.

Hermann Bonnín: Estic plenament d'acord. Potser la paraula no és institucionalització, perquè aquesta paraula pressuposa un cert grau d'intervenció dels poders públics, sinó la solució clara i nítida –del que deia el Jordi– del teatre com a servei públic. No tant des de la perspectiva institucional, sinó des de la perspectiva simplement d'acció. I és que hi havia una oportunitat meravellosa al nostre país; hi havia com un teixit –al que vosaltres fèieu referència– sensacional a tot el territori. Un teixit més enllà del teatre *amateur*. A Osona, al Vallès... Hi havia una sèrie de centres que havien significat d'una manera natural una possible vertebració d'un autèntic teatre nacional. Una capacitat d'energies, de voluntats, i estic parlant dels moments en els quals era possible, o s'encetava aquest procés de recuperació o d'institucionalització, o de vertebració d'un teatre nacional.

Quina ha estat l'aposta pública? Jo diria que la de la construcció, de la pedra, de l'edifici, de l'ostentació, d'intentar transportar a escala local allò que als països pròxims semblava que significava l'aposta pública pel teatre: aixecar unes grans institucions, aixecar uns centres de creació, no des de la realitat, sinó des del despatx... En definitiva, es va perdre una gran oportunitat històrica. Segurament ja s'havia perdut en altres països, perquè és evident que qualsevol acció pública tendeix a un cert dirigisme..., però és que aquí existia un camp generós d'activitat que sorgia des de la societat civil. I que, a més, estava molt disposada, en el moment de la recuperació de les nostres institucions, a entrar en acció. I, aleshores, es van crear grans artificis al marge d'aquesta realitat. I aquesta realitat es va anar esllanguint o va intentar enganxar-se al carro de les iniciatives institucionals i empresarials.

JORDI COCA: El Hermann ha tret una aportació molt popular, el teatre com a servei públic; també es parlava del teatre com a bé públic –potser encara m'agrada més–. Tot això són eines conceptuals a partir de les quals es podia haver pensat. A mi el que em fa por de tot això és que pugui semblar que estem parlant d'una mena de nostàlgia rara; no. Estem parlant de models. Ens estem comparant a països com el nostre. Hi ha un model cultural imprescindible que ara està en la base de tot això, i a sota d'aquest model cultural hi ha d'haver un model polític. I d'aquí en surt un model d'infraestructures, institucional... I, al nostre país, les coses no han anat bé des d'aquest punt de vista. Per tant, les eines conceptuals que tenim són equivocades, no són útils.

És una *boutade*, però em permeto de repetir-la: si el que s'ha fet en el teatre català aquests últims deu anys s'hagués fet als hospitals, tindríem un director de l'Hospital de Sant Pau que diria: «jo no curo les pulmonies, perquè em cauen antipàtiques», per exemple. Tindria la potestat de dir això, perquè ell és el director. O el director del MNAC podria despenjar el romànic perquè no li agrada. A part de les anècdotes, són les qüestions de fons, les que són preocupants. El que s'ha trencat ja no es pot reparar. I és veritat que hi ha una situació diferent i que és, a partir d'aquí, que haurem de construir el futur. Però, si no fem aquesta actualització d'instruments a partir dels quals parlem, i ens adonem que els problemes són grossos i no anecdòtics, llavors potser ja no tindrem cap esperança.

GERARD VÀZQUEZ: Hi estic d'acord. No tinc res a dir-hi. El que sí que volia és fer-te una pregunta. Pensant en aquesta manera d'institucionalitzar les arts escèniques, de com s'ha fet, jo també veig que així no s'ha de fer, els problemes que té. Puc veure com no ha de ser. Em costa molt veure com hauria de ser. Vosaltres teniu alguna idea de com hauria de ser?

JORDI COCA: Home, a mi no em paguen per explicar el model, però ja ha estat escrit, ja se n'ha parlat, i, després, no és una cosa que s'hagi d'improvisar. Jo crec que el model francès, per simplificar-ho, que ens va imposar CiU és erroni. Seria convenient fer un model tipus alemany, amb una implantació al territori, aprofitant aquestes xarxes que existien, que eren petites, que eren –si vols– patateres, que s'havien de renovar, que s'havien de canviar…

GERARD VÀZQUEZ: Però a Alemanya hi ha molts teatres nacionals…

JORDI COCA: Però amb una implantació territorial, i no amb aquesta concentració. És clar, al servei d'un projecte cultural i no al servei d'una cultura de l'esbarjo que ja fa un altre sector del teatre privat… Tampoc no es tracta d'anar fent coses suïcides per tenir els teatres buits. Però, quan hi ha no sé quants assessors que estan allà reunits pensant, hem de fer un clàssic, hem de fer un clàssic que sigui català, i decideixen fer *Terra baixa*, un Guimerà…, un Shakespeare…, està bé. Però, home, hi ha més coses. He publicat, no un, sinó molts articles dient les mancances que hi ha en les programacions dels teatres públics de les nostres ciutats quant a repertori, per exemple. Autors que no s'han fet mai, obres que no s'han fet mai; el teatre elisabethià sembla que sigui el Shakespeare, només. Dius una cosa, «Oh, és que no es pot fer tot alhora». Tot no, però s'estan fent coses i les coses que s'estan fent les comparen amb altres i… Insisteixo, no són qüestions personals; el que em preocupa és el model. El que m'interessa és parlar del model: de les eines per discutir.

JOAN CAVALLÉ: S'han dit moltes coses que no repetiré, que tenen a veure amb el que he expressat al començament, que en el moment en què s'adopta aquesta necessitat de construir una nova realitat, amb el que s'havia de comptar, evidentment, és amb el que hi havia. Una base que era molt més descentralitzada del que ens pensàvem, sobretot ara que es torna a parlar de descentralització, i que és un tema que haurem de seguir. Per no repetir coses, crec que valdria la pena també dir que hi ha hagut un aspecte que ha estat bastant oblidat, i que l'hauríem de tenir bastant present. Un aspecte en el qual un component important és el teatre públic, i concretament el que seria un Teatre Nacional amb majúscules.

Crec que el Teatre Nacional amb majúscules –és a dir, entès com la institució– ha d'aspirar a construir el teatre nacional en minúscules, si voleu, que és allò que hi ha: repertori, un conjunt d'obres i autors que formen la nostra tradició teatral, i que són aquí, i que hi ha un consens general que són els que hem de conèixer i els que ens hem d'anar repetint d'alguna manera. No només això; aquest teatre nacional a què em refereixo no són només autors i obres; són maneres de fer, maneres de recitar el vers, d'actuar, la cultura teatral del país, la relació amb el públic, etcètera. Però, tocant als autors i a les obres, quan tu vas a París, per posar un exemple, pots pensar que a la cartellera no hi hagi segons què: un Molière, per exemple, o un Sartre, o un Beckett. Aquí, però, hem de fer encara aquest exercici, perquè fins ara l'hem fet d'una manera molt anecdòtica; i l'hem de fer tots plegats.

Començant pel Teatre Lliure en un moment determinat i acabant pels teatres públics que hi ha ara. Crec que això ha estat un abandonament. Puc entendre que, per determinades raons, es cregués que els textos calia anar-los a buscar en un altre lloc. Continua havent-hi, a part de molta gent que té responsabilitats en algunes institucions, la malfiança que es pugui arribar a fer teatre amb la gent d'aquí. I això més d'un director, més d'un responsable m'ho ha dit: «Hem de continuar subvencionant els autors locals perquè és una obligació, però no perquè hi hagi una perspectiva de futur en aquest sentit, perquè aquests autors, mal que ens pesi, mai no seran...» Malament sentir coses d'aquestes... Si aquesta mancança s'hagués començat a canviar fa anys, si en aquell moment s'hagués començat a apostar per gent d'aquí, jo crec que avui hi hauria un repertori, hi hauria uns autors ben considerats, hi hauria uns autors integrats en la indústria teatral...

Amb tot, no us penseu que sóc castastrofista. Sóc perfectament conscient que hi hagut esforços, i cal reconèixer-los. Si no, avui no hi hauria un Sergi Belbel o un Jordi Galceran, per no citar-ne alguns altres.

ARGUMENTA: *Tenim tres grans focus de creació teatral, València, Mallorca i Barcelona, que gairebé es giren d'esquena l'un a l'altre, sense entendre's. Com podem fer-ho no únicament per crear ponts, sinó per creuar-los? Com podem teixir aquestes relacions?*

HERMANN BONNÍN: Recordo que, en temps passats, aquests vasos comunicants amb les Illes i València existien. I molt sòlids. Quants viatges havíem fet als festivals d'Alcoi o de Menorca? Quantes vegades havíem anat al Micalet de València? Quants premis havien sorgit arreu? Per tant, les relacions existien. Quines són les raons que ho feien possible abans i per què avui no existeix? Això és una altra qüestió. Però sí que aquests vasos comunicants eren ferms. Per tant, aquesta mena d'indiferència, segurament és el producte d'aquesta institucionalització sense model, al qual ha fet referència el Jordi, que ha anat transferint als poders públics la responsabilitat –per pura inèrcia– de decidir. Això ha anat creant cossos endogàmics, ha anat diluint totes aquestes carreteres naturals que hi havia de comunicació amb les Illes i el País Valencià. Com que a València mana el PP, ja no hi anem perquè ens tacaríem. Ahir, per telèfon, parlava amb el Rodolf Sirera, un pal de paller important en el teatre valencià, i li vaig dir: «Escolta, què et sembla si *El verí del teatre* [obra programada dins del cicle L'alternativa dels 70 al Brossa Espai Escènic] anés a València?» «Això seria fantàstic. Però jo no puc entrar en els despatxos d'aquesta gent; em diran quatre paraules ben dites, però m'ignoraran.» Hi ha tota una mena de factors que, bàsicament, passen pels poders públics que han dissenyat una estructura que està absolutament d'esquena a aquests naturals vasos de comunicació que, abans, s'havien produït d'una manera espontània.

JORDI COCA: És clar, és que els espanyols són molt espanyols. A la Constitució està claríssim que no hi pot haver coordinació entre les diferents comunitats autònomes que tinguin afinitats culturals. Ja se n'han encarregat ells, de destruir qualsevol possibilitat que, a escala institucional, hi hagi aquestes relacions. No cal posar-ne exemples. Això és un fet. Però, a més a més, resulta que, quan s'havia obert una petita possibilitat de coordinació, per exemple amb l'Institut Ramon Llull, doncs, aleshores, tenim la desgràcia que una consellera –em costa creure que sigui per ineficàcia– va convertir aquesta institució en una cosa local. Crec que correspon a una política: destruir la possibilitat de coordinació. Des d'aquest punt de vista, ha estat una actuació conscient. Els lligams que hi havia personals, uns han estat dinamitats, i els altres han desaparegut amb el temps per fets biològics. Després, s'ha generat també una nova cultura en el món professional, amb un tipus d'exigències personals, per mandra o pel que sigui, que ha creat aquesta situació. Abans tampoc no hi havia els lligams institucionals, però no hi havia qui ens dinamitava sistemàticament, però ara sí que hi són. Els enemics els hem de veure molt clars: un era la consellera de Cultura. I no és per ineficàcia. És una política que respon als interessos d'impedir la coordinació nacional dels Països Catalans. Així de clar.

GERARD VÀZQUEZ: La veritat és que jo no tinc gaire criteri sobre això. Si hi ha entrebancs de caire polític o institucional, doncs, potser cal tirar per una mena de fluxos o canals civils, i passar una mica dels polítics, perquè, de fet, entre nosaltres, els professionals, i suposo que el públic també, podem establir aquestes relacions. Qualsevol productor privat, abans se n'anirà a Londres a buscar un espectacle per portar-lo aquí que no pas apostarà per un autor d'aquí o de València. I un productor de València se n'anirà a Madrid a buscar un musical… Tot és una mica una suma de prejudicis i menyspreus contaminats per la política. Per això dic que, per canviar aquestes dinàmiques, la via potser seria la civil.

JOAN CAVALLÉ: Hi ha un problema de base política, molt fort, molt greu, molt difícil de canviar. Perquè la gent del País Valencià i les Illes continuen votant el PP. I això és incontestable, malgrat els escàndols del president de la Diputació de Castelló o de Terra Mítica. A més a més, amb un afegit en relació amb el teatre: el nucli de l'exhibició teatral al País Valencià és la ciutat de València, que és on això es multiplica per no sé quant. Tant per qüestions lingüístiques com polítiques. Aleshores, resulta que, al País Valencià, es podria donar una situació de certa normalitat segons on vagis, però que en aquells llocs on hi ha aquesta normalitat, com ara la Marina o la Safor, no són llocs de recepció teatral. Per anar a veure o intercanviar teatre, has d'anar a València, Alacant, Alcoi o Elx, amb una realitat sociolingüística diferent. Però el cert és que hi ha una realitat sociodemogràfica i política molt adversa al País Valencià, molt més probablement que no pas a les Illes.

Tal com deia el Gerard abans, aquí hi ha d'haver la societat civil. Ara, què passa? La societat civil ens permet ser permeables o imaginatius i portar companyies, grups, autors del País Valencià o de les Illes, però al revés és molt difícil. Actualment, la majoria de companyies catalanes que estrenen a la ciutat de València ho fan amb la versió castellana. Pràcticament la majoria, perquè és la realitat que hi ha allà. En aquestes condicions, parlar d'un intercanvi és molt difícil. Al País Valencià, no existeix una xarxa o una diversitat teatral com existeix aquí: un teatre institucional, un teatre privat que funciona i un teatre alternatiu. Tanta varietat no hi és allà. Es funciona molt més subsidiàriament amb les subvencions de l'administració. Aleshores, entrar en aquest món és molt difícil.

JORDI COCA: Realment és que, amb una superfície agradable, dibuixem un panorama bastant dur de fons. Per exemple, abans deies que no hem tingut projecció, però resulta que el teatre català mai no havia tingut tanta projecció internacional com la que té ara. Per tant, això em sembla que és una cosa positiva, que cal subratllar, perquè s'ha aconseguit aquests anys. Jo confio que hi ha d'haver una reacció. Sempre hi és, en la societat, si no és que està morta. Per exemple, l'aparició de sales alternatives és una reacció als canvis que es produeixen. Hi ha d'haver una reacció que permeti, amb imaginació, aprofitar totes les eines per reconvertir-les i posar-les al servei d'allò que nosaltres creiem que hauria de ser el teatre.

Però potser estem equivocats i resulta que allò que ha de ser ja no ha de ser i que vivim en un món nou, diferent, en el qual nosaltres som una mena d'àliens raríssims del passat que ja no entenem res. Però, si les coses que s'han dit aquí no són del tot desencaminades i sobretot, si comparativament amb altres models d'altres societats semblants a la nostra, també s'ha produït aquesta reacció, aquest canvi de model s'ha de produir perquè, si no, no anem enlloc. Jo confiava que l'equipament del Teatre Nacional podria donar peu a aquest canvi de model. Esperem els primers moviments, els primers resultats, però s'ha de produir aquest canvi. I, com que vivim en una societat en què es busca sistemàticament l'oci –tothom es vol distreure– i es premia l'èxit, això ho fa més perillós. Però, pot ser que estiguem en un món diferent i que jo no l'entengui.

ARGUMENTA: *Tenim tot el ventall diversificat d'estètiques, tot allò que, des del punt de vista artístic, ens convindria?*

JOAN CAVALLÉ: La pregunta coincideix amb una de les observacions que jo, com a observador, lector, membre del jurat de premis o editor, em plantejo sovint. Malgrat excepcions molt notables, malgrat que vas trobant diversificació, encara ens pesa molt una certa homogeneïtat amb les estètiques i les concepcions teatrals de la gent. Funcionem bastant a batzegades, a modes, si voleu. Potser m'ho miro molt des d'un determinat punt de vista, ja que veig moltes coses de gent que comença. Recordo una època en què tothom intentava fer teatre caldersià. Hi havia hagut l'èxit d'*Antaviana* de Pere Calders. Actualment, ha anat passant. Recordo que, quan es va estrenar *Kràmpack*, posem per cas, la quantitat d'obres que l'imitaven era increïble. Aleshores, evidentment, la societat teatral està plena de gent que fa de sedàs que en va deixant uns quants d'aquests però no tots. Un fet il·lustratiu és que, en un premi –el Born de Ciutadella de Menorca o el Bartrina de Reus–, hi hauria d'haver una representació més o meys diversificada de tot el que es fa en aquell moment, però la veritat és que hi veus molta homogeneïtat.

GERARD VÀZQUEZ: Jo no sé si hi hauria d'haver aquesta diversitat, si seria desitjable o per què n'hi hauria d'haver. No entenc per què. Si n'hi ha, molt bé; i si no, també. Crec que cadascú ha d'escriure el que vol, el que pot, el que sap. Si dóna la casualitat que els cent autors que estan en actiu en aquest moment, tots escriuen igual, doncs, molt bé. D'això se'n diu generació o moviment. No entenc la intenció de la reflexió. És que hi ha d'haver dos autors que escriguin comèdia, dos que escriguin tragèdia...?

ARGUMENTA: *La pregunta estava pensada en el sentit que hi hagués diversitat d'estètiques per arribar a estrats diversos de públics. Que es disposés d'obres que fossin per a un públic comercial, que pot ser molt ampli; que n'hi hagués que servissin per a un públic de franja mitjana i, després, altres destinades a un públic més selecte o de teatre d'art.*

GERARD VÀZQUEZ: Si tot el públic vol veure la mateixa obra, no passa res.

ARGUMENTA: *No es pot caure, si tothom escriu igual, en una certa estandardització banalitzadora, contraproduent?*

GERARD VÀZQUEZ: He exagerat. Evidentment, no tothom escriu igual. Hi ha autors que no s'assemblen a res. Si fos un estil estàndard, seria ara. Però, potser d'aquí a uns anys, seria considerat diferent.

JORDI COCA: Jo voldria citar una frase de Coco Chanel: «El bell dura, el bonic passa.» La diferència entre el bonic i el bell és que el bell planteja una interrogació profunda. Jo aposto, no per les coses boniques, que normalment són modes, sinó per les belles. Malgrat això, jo crec que sí que hi ha una diversitat. Tampoc la literatura dramàtica catalana no ha de ser una representació de la varietat del món en miniatura. Els alemanys tenen unes tendències determinades, que són diferents de les dels americans o els francesos. Nosaltres no hem de voler ser-ho tot, sinó ser nosaltres mateixos. Ni ens hem de deixar arrossegar per les modes. Jo sóc un escriptor teatral absolutament atípic, però recordo que, quan jo vaig fer la primera obra de teatre, se'm va penjar l'etiqueta d'«ideològic». Ara tots fan teatre suposadament polític. En deu anys hi hagut un transvestiment. Hi havia una moda d'un teatre interioritzat, que no deia res, que em sembla molt bé, eh, a mi m'agrada aquest tipus de dramatúrgia. Però jo

233

que en feia una altra, de seguida se'm va atacar i ridiculitzar. Ara resulta que tots fan una cosa similar, que em sembla també que és ridícul. No cal. Jo crec que hi ha una diversitat important aquí i a tot arreu.

HERMANN BONNÍN: Subscric el que ha dit en Jordi, que hi ha una notable diversitat i considero que això és un valor positiu, sobretot per als que hem viscut etapes en què hi havia filiacions molt clares d'ordre estètic i ideològic, i fins i tot classificacions adscrites a una determinada tendència. Crec que avui això no es produeix i això és sa. Que hi hagi evidentment o no compromisos del creador amb l'entorn en què es mou això sí que és més discutible. Al teatre alemany, treballen un text clàssic durant sis anys per transcriure de manera minuciosa el problema que passa en un barri suburbial de Berlín; aquesta sofisticació, en el sentit més noble de la paraula, aquest compromís autèntic amb diversos sectors de la societat, que es fa amb treballs seriosos i rigorosos, això sí que segurament és una absència notable en el teatre català.

ARGUMENTA: *Al començament de la taula, us demanàvem que miréssiu cap enrere i cap al present; ara us demanaríem que reflexionéssiu sobre els reptes que té l'escena catalana de cara al futur. Com us agradaria que fos aquest futur?*

GERARD VÀZQUEZ: M'agradaria que el sector públic fos molt potent, que tingués criteri, que programés de debò l'autor, no tan sols perquè s'ha de fer per obligació. M'agradaria que la projecció dels autors i dels textos produïts aquí fos més gran a fora. M'agradaria que, de la mateixa manera que es fa un cicle sobre un autor alemany com Roland Schimmelpfenning, es fes el mateix a Berlín amb, per exemple, David Plana. M'agradaria que el tea-

tre privat no estigués tan infiltrat en els fils que mou tota l'activi-
tat pública. M'agradaria que hi hagués més sales alternatives i que
algunes de les que hi ha tinguessin una idea més clara d'allò que
han de fer i com ho han de fer. M'agradaria que encarreguessin
obres a autors d'aquí –això no s'acostuma a fer– d'una manera
normal, és a dir, que es tingués present que s'ha de pagar la feina.
M'agradaria, finalment, que el futur Consell de les Arts sigui com
cal i no com el que volen les institucions.

JOAN CAVALLÉ: Afegiria, respecte a aquest apunt sobre l'autor,
que la realitat dels autors de literatura dramàtica és diversa. Hi ha
qui treballa habitualment amb un director, hi ha qui treballa per
encàrrec. Jo crec que, globalment, falta una participació més gran
de l'autor en el fet que se'l consideri part de l'engranatge teatral.
No sols econòmicament. Recordo que l'any 1998, quan ens van
fer un encàrrec al Grec, a cinc autors i cinc directors, es va fer un
pressupost en el qual no hi havia cap assignació per a l'autor. No
em refereixo a això només, sinó a la feina que fa el senyor que
escriu un text i que, després, ha d'estar en contacte, al servei del
director, per anar seguint els assaigs, per revisar-ne el resultat.
Això és una dedicació, un ofici també. A les èpoques que s'han fet
més coses meves, m'he cansat de ser l'únic de la companyia que
no cobrava, però que havia d'anar a tots els assaigs, pagant-me
l'autopista, la gasolina, etcètera. I a ells també els interessava, que
hi fos, per si calia fer algun canvi, adaptar un diàleg, assessorar
sobre el sentit d'un fragment. Jo hi anava perquè volia saber què
feien amb la meva obra. Per tant, no entrava en els pressupostos.
Al final me'n vaig cansar. Tu formes part d'aquest engranatge,
encara que, en alguns casos, siguis un element previ o, en altres
casos, siguis conseqüència d'un encàrrec. A part d'aquest tema, jo

crec que un futur que hem de desitjar és un equilibri territorial més gran a Catalunya i en aquest àmbit més gran, entre les diverses modalitats de teatre i els pressupostos que es dediquen a aquestes modalitats. Crec que s'ha de potenciar que aquests extrems que existeixen entre les grans infraestructures i els teatres petits es vagin reduint.

JORDI COCA: A mi m'agradaria que, a tot arreu, des dels teatres petits, s'introduís la figura del dramaturg, no en la línia que deia el Joan, sinó en el sentit alemany, d'algú que té la competència per llegir un text, treballant cos a cos amb el director. Penso que és una figura que s'hauria de reclamar, perquè entrés tot en el procés del muntatge. M'agradaria molt que hi hagués un creixement i una visualització més gran de la part teòrica: assaig, crítica, història. No dic que no es facin coses, però no són tan visibles. Tenim les persones. I, després, una cosa de bona voluntat: que es tornessin a recuperar les relacions personals. El teatre no ha estat mai una bassa d'oli, però, malgrat tot, en un moment determinat, la professió ha estat capaç de treballar quasi a l'una. Quan això ha estat possible, hem fet passos molt importants. Hauríem de prendre consciència d'això, que hem passat un període en què ens hem equivocat i que hi ha hagut errors; en què les coses no s'han fet bé. Aquesta idea que alguna vegada ha sortit que hi ha gent profundament marginada crec que és una realitat i s'ha de superar pel bé de tothom. Sobretot en un país en què hi ha tot un sistema polític que va contra nosaltres. Per tant, si no som capaços de fer-ho, no hi haurà un futur millor.

HERMANN BONNÍN: M'imagino un futur en què aquesta Barcelona que es vol vendre com a ciutat de la cultura, aquestes petites ciutats de Catalunya oferissin, més enllà de l'estereotip turístic, una veritable activitat creativa en el camp del teatre. Que aquesta Barcelona com a plataforma de cultura esdevingués, doncs, realitat. Un altre desig de futur seria que deixéssim d'una vegada de mirar els països que ens són fronterers (França, per exemple) i ens dirigíssim a altres indrets –com ara l'Argentina, per posar un exemple que he pogut conèixer de prop– que ens poden omplir d'energia i obrir-nos cap a perspectives diferents.

Títols de la col·lecció

1. El (des)crèdit de la cultura
   T. Gilbert i A. Mestres (coord.)
   F. Birulés, J. Borja i Sanz, S. Cardús, C. Llinàs i Puente,
   J. Murgades, O. Pérez i Treviño, B. Puigtobella, M. Sunyer, E. Vintró

2. La gran desil·lusió.
   Una revisió crítica de la Transició als Països Catalans
   J. Bagur i X. Diez (coord.)
   M. Aisa, M. C. Barragán, P. Gabriel, M. Gatica, P. Lo Cascio,
   S. M. López, F. Madrid, À. Mifsud, E. Pujol, Raimon, À. Villeyra

3. Societat catalana, societat limitada?
   N. Ribas (coord.), amb la col·laboració de X. Diez i F. Foguet
   J. Argelaguet, J. Busquet, J. Capdevila, G. C. Cattini, X. Garcia,
   R. Gonzàlez, Ll. Granell, E. López, E. Pujol

4. Embolicats amb papers de diari.
   Dubtes i reptes dels mitjans de comunicació als Països Catalans
   (1975-2005)
   J. Noguero (coord.)
   F. M. Àlvaro, C. Claret, J. Comellas, R. Gil, D. E. Jones, F. Martínez,
   F. Meseguer, J. Puig, J. Risquete, J. Sardans, X. Sanfulgencio, M. Serra,
   F. Sitjes, P. Tió, E. Xicoy

5. Mutacions d'una crisi. Mirada crítica a l'edició catalana
   (1975-2005)
   J. Lluch i M. Sopena (coord.)
   M. Alzueta, I. Bellafont, Ll. Bonada, J. Casas, O. Izquierdo,
   À. Masllorens, M. Ollé, J. Portell, J. M. Pujol, C. Torrents

6. L'escena del futur. Memòria de les arts escèniques
   als Països Catalans (1975-2005)
   F. Foguet i P. Martorell (coord.)
   C. Batlle, H. Bonnín, J. Cavallé, J. R. Cerdà, J. Coca, M. Molins,
   I. Pericot, B. Raubert, N. Santamaria, G. Sansano, M. Saumell,
   G. Vàzquez